도덕의

———

심층

도덕의 심층
도덕의 근원을 비추는 개념 여덟 가지

초판 1쇄 발행 2026년 1월 5일

–

저자 로베르트 슈페만
역자 박찬구 · 류지한 · 이병익
발행인 이병은

책임편집 정조연   **책임디자인** 양혜진
기획 김명희 · 박준성   **마케팅** 최성수 · 배근호

–

발행처 세창출판사

신고번호 제1990−000013호   주소 03736 서울특별시 서대문구 경기대로 58 경기빌딩 602호

전화 02−723−8660   팩스 02−720−4579   **이메일** edit@sechangpub.co.kr

홈페이지 http://www.sechangpub.co.kr   **블로그** blog.naver.com/scpc1992

페이스북 fb.me/Sechangofficial   **인스타그램** @sechang_official

–

ISBN 979−11−6684−436−2 93190

도덕의

도덕의 근원을 비추는
개념 여덟 가지

*Moralische
Grundbegriffe*

로베르트 슈페만 저
박찬구 · 류지한 · 이병익 역

실층

세창출판사

역자 서문

이 책은 2001년『도덕과 윤리에 관한 철학적 사유』라는 제목으로 초판 번역서가 출간된 바 있으니, 이제 24년 만에 재판 번역서가 나가는 셈이다. 새로 번역서를 내게 된 이유는 원서가 2021년에 이미 10판을 낼 정도로 인기가 있었던 데 비해 초판 번역서가 그리 큰 호응을 얻지 못한 데 대한 아쉬움이 컸기 때문이다. 번역을 좀 더 잘했더라면 원서가 지닌 저력을 더 널리 알릴 수 있지 않았을까. 그러던 차에 귀인을 만나게 되었다. 서양철학과 동양철학을 두루 섭렵하고 미국 유학을 통해 현대 윤리학의 심연까지 들여다본 이병익 박사를 만나게 된 것이다. 박찬구와 류지한은 이 박사에게 이 책의 초판 번역본을 건네면서 재번역을 부탁했고 이 박사가 기꺼이 수락하여 이 책이 다시 빛을 보게 되었다.

그간 3인의 공역자는 근 1년에 걸쳐 총 여섯 차례의 번역 모임을 가졌고, 여기서의 토론 과정은 다섯 차례에 걸쳐 녹화되었다. 그 녹화분은 유튜브 채널 〈작업의 자유〉에서 시청이 가능하다. 이를 통해 독자들이 이 책의 메시지를 좀 더 명료하게 이해할 수 있기를 기대한다.

〈작업의 자유〉 www.youtube.com/@opusliberB1

이 책은 윤리 문제에 관해 진지한 관심을 가진 사람이라면 누구나 생각해 보았을 만한 문제들을 아주 평이한 말투로, 또 알기 쉬운 예를 들어 설명하고 있다. 그런데도 저자의 이야기를 따라가다 보면 우리는 어느덧 깊은 도덕적, 실존적 진리와 대면하고 있음을 깨닫게 된다. 그리고 이는 바로 우리로 하여금 실존적 결단을 내리도록 요구하고 있는 것임을 깨닫게 된다. 우리가 뜻밖에도 이를 그리 부담스럽게 느끼지 않는 것은 아마도 저자가 지닌 세련된 변증적 논리와 뛰어난 문학적 감수성 때문일 것이다. 이런 이유로 역자들은 "우리는 어떻게 살아야 하는가? 참으로 가치 있는 것은 무엇인가? 삶의 의미는 무엇인가? 무엇이 인생을 살 만한 가치가 있도록 만드는가?"를 진지하게 묻는 모든 독자에게 이 책이 훌륭한 길잡이가 되어 주리라 믿는다.

이 책은 1981년 초 바이에른 라디오방송Bayerischer Rundfunk에서 로베르트 슈페만Robert Spaemann 교수가 진행했던 강좌 시리즈에 기초한 것이다. 따라서 전문적 학술서적이라기보다 대중적 교양서적에 가까우며, 이미 여러 나라 언어로 번역되어 판을 거듭한 인기 서적이기도 하다. 독일의 출판사가 까다로운 조건과 높은 인세를 요구한 것 또한 이 때문일 것이다. 이러한 부담에도 불구하고 이 번역서의 재출간을 결정해 주신 세창출판사 측에 깊이 감사드린다.

앞서 말했지만, 이 책의 재번역은 이병익 박사의 뛰어난 언어 능력과 박학다식博學多識에 힘입은 바 크다. 번역의 마무리에 많은 시간과 노력을 기울인 만큼 이 박사는 이 책을 통해 많은 독자가 선한 영향을 받기를 기대한다. 부디 그의 이러한 기대가 이루어지기를 공역자들 또한 간절하게 기원한다.

2025년 11월,
공역자들을 대신하여 박찬구 씀

저자 서문

도덕[1]은 자명한 것이기에 더 살펴볼 필요가 없다는 말이 있다. 그러면 도덕을 두고 더 이상 이러쿵저러쿵할 것도 없을 것이다. 이미 자명한 것 위에 더 설명을 얹을 수는 없기에 그렇다. 동물학적 인간 분석으로 도덕을 설명하는 방식도 있지만 이 역시 신통치 않다. 우리는 우리 자신을 이해하는 방식으로 회색기러기를 이해하지, 회색기러기를 이해하는 방식으로 우리 자신을 이해하지 않는다.[2]

그 자체로 자명한 것은 그저 가리킬 수 있을 뿐, 말로 표현할 수는 없다. 비트겐슈타인L. Wittgenstein의 말마따나, "윤리는 말로 표현될 수 없는"[3] 것이다. 플라톤Platon은 '선善'을 문자로 정의할 수 없음을 잘 알고 있었다. "지혜에 관해 직접적이지만 격의 없는 수많은 토론을 하다 보면, 이데아는 마치 심지에 당겨진 불꽃처럼 번쩍이며 영혼 속에서 빛을 발하죠. 그리고 그 불꽃은 스스로 끊임없이 타오른답니다."(「제7서신」, 341C5)

그런데 정작은 이런 자명하다는 주제를 놓고 설왕설래가 끊이지 않는다. 그리고 각종 다양한 견해가 오고 간다. 사람들은 말한다. 사실 윤리에 '순수 형식'이 선명하게 존재하는 건 아니잖아? 특정한 사회에서 통용되는 윤리를 한번 보자고. 그건 결코 자명하다고는 할 수 없지. 그 속에는 어느 한쪽을 궁지에 몰아 억압하는 기제가 은폐되어 있기 마련이야. 이런 주장은 시대를 막론하고 존재해 왔다. 이에 따르면, 어떤 사회를 지배하는 윤리 코드는 모조리 지배 계층의 입맛에 맞게 짜인 것에 불과하다. 그들은 '선'이라는 그럴듯한 말로 잘 착취하는 것이 '선'의 유일한 사용법이라고 말한다. 동시에 자명함은 자기 오해일 뿐이라고 말한다. 이런 말이 모조리 진실이 아님은 쉽게 밝힐 수 있다. 그런데 그러려면 자명한 것에 관해서 먼저 이야기하지 않을 수 없다.

　루소Jean-Jacques Rousseau는 이 딜레마를 이해하고 있었다. "다른 이들이 사람들을 잘못 인도하지 않았다면, 나는 감히 그들을 가르치려 들지 않았을 것이다." 가르침에는 다양한 수준이 있다. 도덕적 의무, 덕, 규범, 가치 등의 개념에서 시작하는 가르침도 있지만, 그 최종 근거에까지 소급하는 가장 근본적인 수준의 가르침도 있다. 그리고 이 근거에서 다시 출발해서 하나의 체계적 구조를 통해 위 덕목들을 연역적으로 재구성하는 가르침도 있다. 사실 이는 전통적으로 철학적 윤리학이 해 온 일이다. 또한, 우리는 거짓말, 안락사, 낙태, 군 복무, 성 문제, 환경 문제 등 여러 세부 문제를 응용 수준에서 다룰 수도 있다. 적어도 칸트Immanuel Kant 시기까지는, 이런 결의론[4]적 논의로 철학의 품위가 손상된다고 생각한 철학자나 신학자는 없었다. 윤리학을 연구한답시고 공허한 형식에 갇혀, 어떻게 살아야 하는지는 전혀 배우지 못하면, 그것은 고려할 가치도 없는 재미없는 것이 되고 말 것이다.

여덟 개의 장으로 꾸려진 이 작은 책은 위 두 수준을 모두 다룬다. 근본 질문과 개별 사례 응용 사이 어딘가에 있는, 중간 수준의 추상 영역이 이 책의 범위이다. 홀로 또는 타인과 함께 일상을 살아가면서 문득 도덕적 면면에 관해 곰곰이 생각해 볼 때 드러나는 근본 개념들이 본서의 탐구 대상이다. 그리고 독자들이 윤리학 전공자의 전문 용어에 기대지 않고 이런 개념들을 성찰할 수 있도록 독려하는 것이 본서의 목표이다.

본서는 1981년 1월과 2월에 제작된 바이에른 라디오방송Bayerischer Rundfunk 기획 시리즈를 토대로 한 것이다. 나는 방송에서 사용한 구어체를 바꾸지 않았다. 내 바람은 플라톤이 말한 '잦은 친밀한 대화'에 조금이라도 가까워지는 것이다. 그가 생각한 대화의 효과는 대화 과정에서 자연스럽게 드러나는 것이었다. 이는 의도한다고 되는 것이 아니다.

로베르트 슈페만Robert Spaemann

주석

1   윤리와 도덕은 구분해 사용하기도 하는 개념이다. 철학자마다 각각 그 구분의 기준은 사뭇 다르지만, 통상적으로 윤리는 좀 더 사회적인 면에서, 도덕은 좀 더 개인적, 심정적인 면에서 가치의 근거를 설정하는 경향이 있다. 그러나 저자는 본서에서 별다른 구분 없이 혼용하고 있다.

2   동물행동학의 창시자인 콘라트 로렌츠(Konrad Zacharias Lorenz)의 회색기러기 실험을 말한다. 태어나면서부터 로렌츠 손에 길러진 회색기러기가 그를 어미로 인식하는 것을 보고, 로렌츠는 회색기러기에게 자신이 어미로 각인되었다는 의미로 각인효과(imprinting effect) 개념을 창시했다.

3   루트비히 비트겐슈타인, 『논리-철학 논고(Tractatus Logico-Philosophicus)』, §6.42.

4   결의론(決疑論, casuistry). 명료한 철학적 근거를 통한 설명 없이, 현실적인 갈등 상황에 초점을 맞추어 당위를 부여한 규범을 말한다.

차례

◇ 일러두기

1. 본서는 Robert Spaemann, *Moralische Grundbegriffe*, the 10th ed., 2021(초판은 1982년 출간)를 완역한 것이다.
2. 주석은 모두 역자주이다.
3. 볼드체는 원저자의 표기에 따랐다.
4. 큰따옴표("　")와 작은따옴표(' ')는 독일어와 한국어의 용례가 달라 한국어에 맞춰 사용하는 것을 원칙으로 했다. 직접 인용문은 큰따옴표로, 지시체나 강조 및 간접 인용문은 작은따옴표로 표기했다.
5. 괄호는 원저자의 괄호와 역자의 괄호를 필요에 따라 구분 없이 사용했다.
6. 일부 인명의 경우 외래어 표기법을 따르지 않고 관용 표기를 따랐다.

1장　　　　　철학적 윤리학

선과 악,
과연 상대적인가?

우리는 '선'과 '악', '좋다'와 '나쁘다'[1] 등의 말을 합니다. 그 의미는 무엇일까요? 사실 이는 아주 오래된 철학적 질문입니다. 그런데 우리는 이런 단어를 비단 철학뿐 아니라 다른 학문 분야에도 사용합니다. 의사는 우리에게 흡연 가능 여부를 알려 주고, 심리상담가는 직업 선택에 관해 조언하며, 투자상담사는 내년에는 경제 여건이 더 나빠질 것이고 회복까지 오래 기다려야 할 것 같으니 지금이 청약 저축 통장을 만들 최적기라고 귀띔합니다. 이런 것이 윤리학이나 철학과 무슨 관계가 있을까요?

'좋다'라는 말을 어떻게 사용하는지 좀 더 자세히

살펴봅시다. '하루 더 쉬는 것이 좋겠다'고 말하는 의사가 있다고 칩시다. 이 말이 정확하려면, '좋다'라는 단어를 둘로 나누어야 합니다. 의사는 '그렇게 하는 것이 당신에게 좋다'고 말한 다음, 거기에 덧붙여 '당신이 건강해지는 것을 최우선으로 한다면, 그렇게 하는 것이 당신에게 좋다'고 말해야 하는 거죠. 이 구분은 매우 중요합니다. 예를 들어 누군가가 특정 시간에 살인강도를 할 계획을 세운다고 해 봅시다. 만약 그 사람이 폐렴에 걸리는 통에 그 계획이 어그러지면 그것은 여러모로 '더 좋은' 일이 될 것입니다. 한편 특정 시간에 우리 중 누군가는, 좀 쉬라는 의사 충고를 무시하고 감기가 도지는 걸 무릅쓰면서 긴급한 중대사를 처리하기도 합니다. 그런데 이런 행위가 '좋은' 것인지 아닌지 의사는 의사로서는 말할 수 없습니다. 의사 자격으로 말할 수 있는 '좋은 것'은, '건강을 최우선시할 때 좋은 것' 정도입니다. 이는 의사가 책임질 수 있는 영역이죠. 물론 건강을 언제나 최우선시해야 하는지 아닌지에 대해, 한 인간으로서는 의사도 조언할 수 있습니다. 그러나 의사라는 특정 직업에 종사하는 사람으로서는 아니죠.

투자상담사도 마찬가지입니다. 내가 청약 통장을 만들지 않고 그 돈을 다 써 버리거나 아니면 돈이 급하다는 친구에게 빌려준다고 내 투자상담사가 뭐라 할 수는 없죠. 그에게 '좋다'는 말은, '재테크가 당신에게 최우선이라면, 당신에게 좋다'는 것을 의미합니다.

이처럼 '좋음'이라는 말은 모두 '특정 사람에게 특정 국면에서 좋음'을 의미합니다. 같은 행위도 그 적용 국면에 따라 한 사람에게 좋은 것이 될 수도 나쁜 것이 될 수도 있으니까요. 이를테면, 연장 근무를 많이 하면 생활수준 면에서는 좋겠지만 건강 면에서는 나쁠 겁니다. 한편, 같은 것이 어떤 사람에게는 좋지만 다른 사람에게는 나쁠 수도 있습니다. 도로를 넓히면 운전자에게는 좋을 수 있겠지만 도로변에 사는 사람에게는 나쁠 수 있는 것처럼 말이죠.

그런데 우리는 위와는 전혀 다른 의미로 '좋음'이라는 말을 쓰기도 합니다. '이 사람에게'나 '어떤 특정한 면에서'와 같은 조건 자체를 아예 전제하지 않은 좋음, 즉 '절대적' 의미의 좋음이 그것입니다. 대부분의 경우, 절대적 의미의 좋음은 상이한 이해관계[2]나 관점이 충돌할 때 나타납니다. 이런 충돌은 때로는 한 사람 안에서 일어나기도 하는데, 예를 들어 생활수준, 건강, 우정 중 무엇을 최우선할지를 결정하거나 할 때 그렇습니다. 우리는 이런 관점 사이의 충돌을 피할 수 없습니다. 이럴 때 마주치는 두 개의 질문이 있습니다. 첫째, '나에게 실질적으로, 그리고 진실로 좋은 것은 무엇인가?' 다시 말해서, '상이한 여러 관점을 놓고 어떻게 우선순위를 매겨야 하는가?' 둘째, '누구의 이해관계를, 즉 누구의 좋음을 우선시해야 하는가?' 이런 질문을 대할 때 선명하게 떠오르는 사실이 있습니다. 근원을 향한 철학적 통찰 —시대를 막론하고— 로 드러나는 하나의 공통 진리가 존재한다는 것, 그리고 위 두 질문은 서로 긴밀히 연결되어 있다는 것이 그것입니다. 우리는 이 두 질문에 대한 성찰을 철학적 성찰이라고 일컫습니다.

그런데 이런 질문을 던지는 것 자체는 과연 옳은 걸까요? 이것부터 확실히 짚고 넘어갈 필요가 있습니다. 실제로 많은 이가 이런 질문 자체를 거부합니다. 사실 우리는, 윤리적 질문에는 별 신통한 대답이 있을 수 없기 때문에 무의미하다든가, 윤리적 진술은 참과 거짓을 판명할 수 없는 것이라든가 하는 주장을 접하곤 합니다. 이들은 '철수의 건강에 좋다'든가 '영희의 세금 절감에 좋다' 등과 같은 수준에서는, 대체로 합리적이면서도 수긍할 만한 통찰을 얻을 수 있다고, 그러나 이때 '좋다'는 말은 절대적인 의미로 쓰인 것이 아니라고 주장합니다. 이 수준에서 오고가는 말들은, 문화권이나 시대에 따라서, 혹은 이를 말하는 사람의 품성과 사회 계층에 따라서 상대적일 수 있다는 거죠. 사실 경험적으로, 이런 주장을 뒷받침할 만한 수많은 사례를 찾을 수 있습니다. 예를 들면, 인신 공양을 '좋은' 것으로 삼는 문화, 노예제 사회, 아버지에게 영아 유기의 권리를 부여한 고대 로마법 등이 그것입니다. 또 일부일처제를 고수하는 그리스도교 문화와 달리, 이슬람 문화는 일부다처제를 허용합니다.

철학적 윤리학이 성립 불가능하다는 사람들은 그

증거로, 윤리적 규범 체계는 문화에 따라 매우 다양하게 존재한다는 점을 제시하곤 합니다. 이들은 상대적 의미라면 모르되, 절대적 의미의 '좋음'을 가지고는 이성적 논의가 불가능하다고 주장합니다. 그러나 이런 주장이 간과하고 있는 것이 하나 있습니다. 철학적 윤리학도 이런 사실을 모르지 않는다는 것이 그것입니다. 실은 그 반대죠. 오히려 이런 사실 앞에서 철학적 윤리학은 보편타당한 좋음에 대해 묻습니다. 그리고 이성적 숙고를 시작합니다.

일찍이 기원전 5세기의 사람들도 이런 사실을 알고 있었습니다. 당시 고대 그리스에는 이웃 나라 사람들의 관습을 다룬 온갖 종류의 기이하고 이상한 이야기가 담긴 여행기가 매우 유행했습니다. 그러나 당시 고대 그리스인들은 이런 관습을 그저 불합리하고 야만적이며 원시적인 것으로만 보지 않았습니다. 특히 철학자들은 무엇이 더 좋은 것인지를 최종적으로 판단할 수 있으리라 믿으며, 다양한 윤리적 규범 체계와 삶의 형식을 평가, 비교할 수 있는 단일한 표준을 찾기 시작했습니다. 그리고 그 표준을 '퓌지스φύσις', 즉 자연이라고 불렀습니다.

이 표준이 적용된 사례를 하나 볼까요? 자신의 한쪽 가슴을 도려내는 아마조네스[3] 여인들의 관습은 그러지 않는 관습에 비해 열등한 것입니다. 이렇게 유독 단순하고 명료한 예는 우리가 쉽게 수긍할 수 있지만, 사실 '자연'이라는 표준이 올바른 삶에 관한 질문 모두에 적절한 해답을 줄 수 있는 개념은 아닙니다. 일단 여기서는 다음과 같은 점을 확실히 해 두는 것으로 만족하기로 합시다. 좋은 삶과 나쁜 삶, 좋은 행동과 나쁜 행동의 보편적 표준을 찾으려는 시도는 도덕적 규범 체계의 상이함을 포착하면서 시작된다는 것, 따라서 그런 상이성이 보편적 표준을 찾으려는 시도 자체를 못 하게 하는 논거가 되지는 않는다는 것, 이런 점입니다.

그러면 우리는 왜 이런 시도를 할까요? '선'과 '악', '좋다'와 '나쁘다' 같은 말이 절대적일 뿐 아니라 보편적 의미를 가진다는 가정을 뒷받침할 만한 근거는 무엇일까요? 사실 이런 물음은 잘못 던져진 것입니다. 여기서 핵심은 가정이나 전제가 아닙니다. 이런 것을 구체적으로 생각하기 전부터 이미 우리가 지니고 있는 확실성이 핵심입니다. 실수로 오줌을 싼 아이를 부모가 잔인하게 학대하는 장면을 떠올려 봅시다. 우리는 이 학대가 부모의 입장에서는 만족스러우니까 '좋은' 것이고 아이의 입장에서는 '나쁜' 것이라고 말하지 않습니다. 우리는 이런 일이 생기면 무조건 그 부모를 비난합니다. 아이에게 나쁜 짓을 하는 부모를 절대적 의미에서 나쁘다고 보기 때문입니다. 만약 이런 학대의 관습이 있는 문화를 접한다면, 우리는 쉽게 그 사회가 나쁜 관습을 가지고 있다고 판단할 겁니다. 한편, 아우슈비츠의 금식 감방에서 아내와 아이가 딸린 남자 대신 자신의 목숨을 버린 폴란드 신부 막시밀리안 콜베Maksymilian Kolbe[4]의 행위를 떠올려 봅시다. 우리는 이런 행위가 그 남자에게는 좋고 콜베에게는 나쁘다거나, 또는 절대적 관점에서 도덕적으로 중립적인 것이라고 판단하지 않습니다. 오히려 그를 죽인 사람들이 추락시킨 인류의 명예를, 콜베가 드높였다고 칭송합니다. 그의 이야기를 전해 듣는 어느 곳에서나 사람들은 자연스

레 찬탄의 감정을 가지게 될 것입니다. 호주의 원주
민들도 분명 우리와 똑같이 콜베의 이야기에 박수
를 보낼 것입니다. 그렇다고 우리가 굳이 이렇게 극
적이고 예외적인 경우를 찾을 필요는 없습니다. 시
대와 문화에 따라 상이한 도덕적 현상들 사이에는,
사실 우리 생각보다 훨씬 더 많은 공통점이 존재합
니다.

　우리는 쉽게 착시 현상에 빠지곤 합니다. 차이점
은 우리 눈에 잘 보이지만 공통점은 잘 보이지 않습
니다. 공통점이 잘 보이지 않는 이유는 그것이 당연
한 것이어서입니다. 부모의 자녀에 대한 의무, 자녀
의 부모에 대한 의무는 모든 문화에 공통적인 것입
니다. 어디서나 감사는 '좋은' 것입니다. 인색한 사람
은 경멸을 받고 관대한 사람은 존경을 받습니다. 어
디서나 공정성은 재판관의 기본 덕이고, 용기는 군
인의 기본 덕입니다. 누군가가 이런 것은 모두 그저
진부한 규범일 뿐이라고 반박한다면, 즉 생물학적,
사회적 효용에 따라 쉽게 도출되는 진부한 규범일
뿐이라고 반박한다면, 이 반박은 정당한 것일 수 없

습니다. 인간 존재를 통찰하면 인간의 보편적 도덕률은 진부하지만 너무나 당연한 것임을 알 수 있습니다. 그리고 이런 도덕률의 준수가 인류에게 도움이 된다는 것 역시 진부하지만 너무나 당연한 것임을 알 수 있습니다. 만약 인류에게 해를 끼치기만 하는 도덕률이 있었다면, 그 도덕률은 진즉 소멸되었을 것입니다. 그런데 무엇보다 인류에게 도움이 되는 도덕률은 인간의 본성에 맞추어 형성된 도덕률입니다. 여기서 중요한 것은, 생물학적 또는 사회적 효용이 도덕을 이해하는 근거가 될 수 없다는 사실입니다. 도덕은 효용으로 설명할 수 없는 것입니다. 콜베 신부 덕에 죽음을 면한 남자가 설혹 다음 날 죽어버린다 해도, 우리는 신부의 선행에 대한 칭송을 거두지 않을 것입니다. 설혹 내일 당장 세상이 망한다 해도, 우정이나 감사를 표현하는 행위는 좋은 것입니다. 우리는 서로 다른 문화에 매우 많은 도덕상의 공통점이 있음을 경험합니다. 그리고 특정 행위 앞에서 곧바로 절대적 가치 판단을 내리는 우리 자신을 경험합니다. 도덕의 보편성과 절대성은 이런 경험을 통해 드러납니다. 동시에 이런 경험은 도덕의 보편성과 무조건성을 설명해 줍니다. 올바른 삶의 표준을 찾으려는 이론적 시도는 그렇게 정당화되는 겁니다.

그래도 문화의 엄청난 다양성을 감안해 보면, 과연 판단의 표준이라는 것이 가당하기나 한지, 의문스러울 수밖에 없습니다. 과연 그런 표준은 존재하는 걸까요? 지금까지는 이제부터 본격적으로 시작할 논의의 틀을 잡기 위해 예비적 검토를 한 것입니다. 이제 이 질문에 보다 명확하게 대답해 볼 차례입니다. 우선 '윤리적 상대주의'의 두 가지 유형을 한번 검토해 보겠습니다. 이 두 유형은 사뭇 달라 보이지만 보편적 윤리 규범을 부정한다는 점에서는 마찬가지입니다. 첫 번째 유형은 대체로 이렇게 주장합니다. '모든 사람은 해당 사회의 지배적인 도덕을 따라야 한다.' 그리고 두 번째 유형은 이렇게 주장합니다. '모든 사람은 자신의 선호에 따라 내키는 대로 행위해야 한다.' 하지만 이 두 주장 모두 합리적 검증을 통과하기 어렵습니다. 먼저 첫 번째 유형을 살펴보겠습니다. 이 주장은 다음 세 가지 면에서 자기모순적입니다.

첫째, 이 주장 역시 단일한 보편적 규범을 전제하고 있으므로 자기모순적일 수밖에 없습니다. '모든 사람은 항상 지배적인 도덕을 따라야 한다'는 주장 자체가 그 속에 보편적 규범을 담고 있습니다. 따라서 보편적 규범을 부정하는 자신의 입장과 모순되는 것이죠. 이 유형의 주장에서는 이렇게 재반박할 수도 있을 것입니다. 자신들은 특정 사회의 규범 체계에 따른 내용적 규범이 아니라 도덕규범과는 전혀 다른 범주의 규범, 말하자면 일종의 상위 규범이나 메타 규범을 말하고 있는 것이라고 말이죠. 하지만 이 문제는 그리 단순하지 않습니다. 이를테면 어떤 사회를 지배하는 도덕이 다른 사회의 도덕을 열등한 것으로 여기고 그 도덕을 준수하는 사람들에게 죄를 물을 수도 있으니까요. 그런 규범 체계를 지배적 도덕으로 삼는 문화권에 살고 있다면, 우리도 다른 사회의 도덕을 비난하게 될 것입니다. 심지어 우리는 우리 자신 문화의 지배적인 도덕에다가 선교사적 열정까지 더해 다른 문화권에 침투하여, 그들의 기존 규범을 완전히 갈아엎어야 한다는 걸 그 자체로 또 하나의 규범으로 삼아 그들에게 강요할 수도 있습니다. 이렇게 되면 애초의 주장, 즉 '모든 사람은 자신이 속한 사회의 지배적 도덕을 따라야 한다'는 명제를 스스로 위반하게 됩니다. 결국 우리는 우리 사회의 지배적 도덕을 따르면서, 다른 사람들은 그들 자신의 도덕에 따라 살지 못하게 하는 셈이 되니까요. 그러면 그 문화권에서는 자신의 규범대로 사는 것이 아예 불가능해집니다.

둘째, 지배적인 도덕이 항상 존재하는 것은 아닙니다. 우리 다원주의 사회에서는 다양한 도덕적 견해들이 공존하면서 서로 경쟁합니다. 낙태를 범죄로 간주하는 사람이 있는가 하면, 낙태를 인정할 뿐 아니라 그에 따른 죄의식마저 벗어 던져야 한다고 말하는 사람도 있습니다. 따라서 각 사회에서 통용되는 도덕을 따라야 한다는 원리는, 여러 도덕 가운데 하나를 선택해야 할 때 아무 도움이 되지 못합니다.

셋째, 나라를 세운 창업 군주, 예언자, 개혁가, 혹

은 혁명가의 행위를 도덕적 행위의 모범으로 삼는 사회도 있습니다. 그런데 이들은 당대의 도덕을 따른 인물이 아닙니다. 오히려 기존 도덕을 갈아엎은 이들이죠. 물론 그들의 표준이 현재는 타당한 것일 뿐 아니라 차후에 변화도 없는 경우가 있을 수 있겠죠. 그러나 그런 경우도 그 가르침의 내용이 옳기 때문에 그런 것이지, 단순히 그 가르침을 따르는 것이 옳기 때문에 그런 것은 아닙니다. 일단 그 모범으로 삼은 사람 자체가 애초에는 당시 도덕을 따른 인물이 아니니까요. 결국 여전히 문제는 남습니다. 우리가 기본적으로 무언가를 따라야 한다면, 도대체 누구를, 또 무엇을 따라야 할까요?

첫 번째 유형의 주장에 대해서는 이 정도로 하면 될 것 같습니다. 한마디로 이 주장은 특정 시대의 지배 도덕을 절대화하고, 그런 도덕에 의거해서 '선'과 '악'을 정의했기 때문에 위와 같은 모순에 빠지는 것이라고 할 수 있습니다.

두 번째 유형의 주장은 이와 정반대입니다. 이들은 실제 운용되는 도덕은 모두 우리를 옭아매는 억압적인 것이라고 비난합니다. 그리고 각 개인은 스스로 선호에 따라 행위하고, 각자 나름의 방식대로 행복을 추구해야 한다고 주장합니다. 사회에 해를 끼치는 반사회적 행위를 하면 무엇보다도 그 행위를 하는 사람 자신에게 큰 불이익이 떨어지기 때문에, 그런 행위를 하지 않는 것이 그에게 이익임을 분명하게 주지시키는 일은 기껏해야 형법이나 경찰이 하는 일입니다. 첫 번째 유형이 '권위주의적'이라면, 두 번째는 '무정부주의적' 혹은 '개인주의적'입니다. 이에 대해 좀 더 자세히 살펴봅시다. 사실 첫눈에도 두 번째가 더 말이 안 되는 것 같지 않나요? 우리의 도덕적 감수성에 명백히 반하니까요. 그런데 이론적으로는 이 두 번째 주장을 논박하기가 훨씬 더 어렵습니다. 이 입장이 일종의 무도덕주의無道德主義이기 때문입니다. 무도덕주의자들에게 선과 악은 '특정 국면에서 나에게 좋고 나쁜 것' 이상이 아닙니다. 이들은 아이에 대한 어머니의 애정, 콜베 신부의 희생, 그를 사형 집행한 이의 죄악, 마약 딜러의 파렴치함, 그리고 증권 시장에서 투기를 일삼는 사람의 술수 등의 가치가 모두 같다고 말합니다. 그들은 논증 같은 것으로는 닿을 수 없는 근원적 경험을 하지도 못하고 그런 경험을 할 가능성도 없는 사람들입니다. 아리스토텔레스의 말마따나, 모친 살해범도 용납될 수 있다고 주장하는 사람[5]을 대할 때 필요한 것은 논쟁이 아니라 호된 매질입니다. 그런 사람에게 진정 필요한 것은 그를 바른길로 이끌어 줄 친구라고 할 수도 있겠죠. 하지만 그런 사람을 친구로 삼을 만한 이가 있을지 모르겠습니다. 그런데 그가 다른 이의 주장에 귀를 기울이지 않는다고 해서 그를 반박할 논증이 아예 존재하지 않는 것은 아닙니다.

'모든 사람은 내키는 대로 행위해야 한다'는 주장은 자세히 들여다보면 너무나 당연한 말입니다. 모든 사람은 언제나 자신이 원하는 것을 합니다. 자신의 양심에 따라 행위하는 사람도 스스로 원하니까 그렇게 하는 것입니다. 마찬가지로 특정 도덕규범에 복종하는 사람도 스스로 원하니까 그렇게 하는 것입니다. 위 주장을 윤리 이론 명제로 삼아 한번 살펴봅시다. '모든 사람은 원하는 대로 행위해야 한다'는 주장에는 하나의 전제가 있습니다. 인간에게는 다양한 충동이나 욕구가 있는데, 인간은 그중 어떤 것을 다른 것보다 더 선호한다는 것이 그것입니다. 그런데 이 전제의 이면에는, 이른바 '도덕적 충동'보다 더 선천적이고 더 자연적인 어떤 충동이 존재한다는 가정이 도사리고 있습니다. 이들에게 '도덕적 충동'은 인간 해방의 족쇄, 즉 일종의 외적 강제이자 내면화된 지배에 불과합니다. 그런데 이처럼 도덕에서 해방된 자기 결정을 옹호하는 순간, 다시 말해서 외적 강제에 반하는 자연적인 것을 옹호하는 순간, 반反도덕적 저항은 역으로 도덕 철학의 전통으로 직행합니다. 왜냐하면 도덕 철학이야말로 여러 사회의 다양한 관습을 관찰하면서 인간에게 진정 '자연적인' 것이 무엇일까를 묻고 탐색하는 데서 시작된 것이기 때문입니다. 최초의 도덕 철학자들은 인간의 자유는 오로지 자신의 자연스러운 본성에 따라 행위할 때 얻어지는 것이라고 생각했습니다. 이게 무슨 뜻일까요?

'모든 사람은 자신이 내키는 대로 행위해야 한다'는 말은 순환 논증에 빠질 수밖에 없습니다. 인간이 본능에 의해 선★결정된 존재가 아니라는 사실, 그리고 자기 행위의 표준을 먼저 찾아야 하는 존재라는 사실을 간과하고 있기 때문입니다. 언어마저도 인간이 자연적으로 얻은 것은 아닙니다. 학습을 통해 얻은 것입니다. 인간은 동물과 다릅니다. 자동 기계와 같은 동물의 삶과 인간의 삶은 다릅니다. 흔히 말하듯 인간은 자신의 삶을 스스로 '이끌어' 가야 합니다. 우리 안에는 서로 다투는 갖가지 충동과 욕구가 있습니다. '원하는 대로 하라'는 말은, '각자는 이미 자신이 무엇을 원하는지 알고 있다'는 주장을 전제로 깔고 있다는 점에서 문제가 있습니다.

그래서 '좋음'의 뜻을 모르고는 의지라는 관념을 제대로 알 수 없습니다. 좋음이라는 말 자체가 우리에게 하나의 근본적인 관점을 제시하기 때문입니다. 이 근본 관점에 비추어 봐야 비로소, 왜 이것이 아닌 저것을 욕구하는지 그 근거가 되는 다양한 관점들이 질서를 얻게 됩니다. 근본 관점이 어떤 것인지 여기서 당장 설명하기는 어렵습니다. 그래서 근본 관점에 해당하지 않는 것을 먼저 말해 보겠습니다. 건강이 근본 관점이 될 수는 없습니다. 왜냐하면, 아 픈 것이 실제로는 좋은 것이 될 수도 있기 때문입니다. 직업상의 성공도 근본 관점이 될 수는 없습니다. 덜 성공하는 것이 때로는 더 좋을 수도 있습니다. 이타주의도 마찬가지입니다. 자기 자신을 먼저 고려하는 것이 좋을 때도 있습니다. 영국의 철학자 무어 G.E. Moore는 '좋음'이라는 말을 다른 말로, 즉 어떤 구체적인 관점을 가진 말로 바꿔 보려 하는 시도를 '자연주의의 오류'라고 비판했습니다. 예를 들어, '좋음'이 곧바로 '건강'을 의미한다면, 우리는 더 이상 건강을 좋은 것이라 할 수 없습니다. 왜냐하면 논리적으로 '건강은 건강한 것이다'라고 말하는 꼴이 되어 버리기 때문입니다.

올바른 삶과 좋은 삶, 이는 한마디로 자신의 이런 저런 선호를 올바른 서열로 질서 짓는 것을 의미합니다. 고대 철학자들은 이런 올바른 서열의 규준을 획정할 수 있다고 믿었습니다. 그들에 따르면, 인간이 행복하게, 그리고 자기 자신과 잘 지내면서 사는 삶을 살게 해 주는 서열이 올바른 것입니다. 그런데 자기 위주의 임의적 서열로는 그러한 삶을 살 수 없습니다. 그래서 '네가 원하는 대로 하라'는 말이 '나는 무엇을 원해야 하는가'라는 물음에 대한 대답으로는 충분하지 않은 것입니다. 이 말이 충분한 대답이 되기에 부족한 다른 이유도 있습니다. 세상에는 '나의' 선호만 존재하는 것이 아닙니다. 타인의 선호도 존재합니다. 따라서 누구나 자기가 원하는 것을 해야 한다는 규칙은 양가적兩價的입니다. 이 규칙이 '평화적, 관용적 방법이 되었건 폭력적, 비관용적 방법이 되었건, 누구나 자기가 원하는 대로 타인의 선호를 다루어야 한다'는 것을 의미할 수도 있지만, '누구나 타인의 선호를 존중해야 한다'는 것을 의미할 수도 있습니다. 왜냐하면, 관용에의 요구는 보편적인 것이고 이 요구에 의해 각자의 선호는 제약될 수밖에 없기 때문입니다. 여기서 분명히 해야 할 것은, 관용이 흔히 말하듯 도덕 상대주의가 독점하는 덕목은 아니라는 점입니다. 오히려 관용은 보편성을 표방하는 도덕적 신념에 그 근거를 둡니다. 왜냐하면, 보편적 관용과 관련해서, '각자는 자신의 도덕에 따라 살아야 한다. 그리고 나의 도덕은 나에게 폭력과 비관용을 허락한다. 그런데 왜 내가 관용적이어야 한단 말인가?'라고 말하는 도덕 상대주의자도 있을 수 있으니까요.

그러므로 관용에의 요구를 분명히 이해하려면, 인간 존엄성에 대한 관념과 모든 사람이 존엄성을 지니고 있다는 생각을 반드시 가지고 있어야 합니다. 물론 관용을 베푼다고 해서 나의 욕구와 타인의 욕구 사이의 갈등이 바로 해결되는 것은 아닙니다. 어떤 욕구들은 아예 양립 불가능하기도 합니다. 나 자신 안에서 서로 다른 수준의 욕구들이 서로 다투듯, 사람과 사람 사이의 욕구가 서로 다툴 수도 있습니다. 자신의 욕구를 앞세우는 것도, 타인의 욕구를 먼저 배려하는 것도 항상 좋은 것은 아닙니다. 여기서 우리가 정확히 알아야 할 것은 나의 '어떤' 욕구가 타인의 '어떤' 욕구와 다투는가입니다. 그러면 우리는 그 '어떤' 욕구를 평가할 수 있는 공통 표준을 반드시 필요로 하게 됩니다. 이것이 이 갈등을 해결할 수 있는 참된 표준입니다. 도덕 상대주의는 바로 이런 표준에 대한 합의가 불가능하다는 생각에 기초하고 있습니다. 그러나 이들의 주장은 결국 자신에 대한 반론을 스스로 입증하는 모순을 초래합니다. 모든 이론적 논쟁의 기저에는 이미 공통의 진리라는 관념이 존재하기 때문입니다. 만약 각자가 자기 자신만의 진리를 갖고 있다면, 논쟁은 불가능할 것입니다. 그냥 서로 간섭하지 않고 자기의 길을 가게 되겠죠. 그러다 충돌 상황이 발생하면, 이 충돌은 합리적 숙고나 올바른 표준을 바탕으로 한 논쟁이 아니라, 자신의 의지를 관철하려는 강자의 물리적 권리 행사를 통해서만 해결될 겁니다. 여우와 토끼는 올바른 삶에 대해 함께 논쟁하지 않습니다. 각자 자신의 길을 가거나 어느 한쪽이 다른 한쪽을 잡아먹어 버리죠.

'선'과 '악'에 관한 수많은 설왕설래가 있다는 점에서 보면 윤리학이 논란이 많은 학문임은 틀림없습니다. 그러나 바로 그렇기 때문에 윤리학은 상대주의적이지 않습니다. 개별 상황에 걸맞은 좋음이 이것 또는 저것이 될 수 있다 해도, 그리고 명확한 결정을 힘들게 하는 수많은 미묘한 사안이 차고 넘친다 해도, 윤리학은 상대주의적일 수 없습니다. 이것이 진실입니다. 한편 그렇기 때문에, 이 행동 양식은 저 행동 양식보다 더 좋은 것일 수밖에 없습니다. 그저 특정 사람에게만 혹은 특정 문화의 규범에 준해서만 더 좋은 것이 아니라, 절대적으로 더 좋을 수밖에 없습니다. 사실 우리 모두는 이 진실을 알고 있습니다. 철학적 윤리학의 역할은 그저 이 앎을 좀 더 명료하게 다듬어 이 앎에 도전하는 궤변에 맞서는 것일 뿐입니다.

1 독일어 'gut', 영어 'good'이라는 개념은 보통 한국어로 '선한',
   '선' 또는 '좋은', '좋음'으로 번역한다. 독일어를 포함한 서양
   어에서 '좋음(좋은)'은 도덕적인 면과 기능적인 면을 포괄한다.
   그래서 한 단어로 두 면을 모두 표현할 수 있는 것이다. 어떻
   게 보면, 동양보다 서양 전통에서 도덕과 기능의 거리가 더
   가깝다고도 할 수 있다. 하지만 한국어에서는 '선(선한)'과 '좋
   음(좋은)'을 구별해서 사용하는 경향이 있는데, '선'은 그 자체
   로 도덕 개념이지만, '좋음'은 기능적 개념인 경우가 많다. 예
   를 들어 한국어로 '선한 의자'는 어색하고 '좋은 의자'는 자연
   스럽다. 사물인 의자에는 기능은 있지만 도덕은 있을 수 없기
   때문에 그러한 것이다. 그러나 사람의 경우에는 '좋은 사람'과
   '선한 사람'이 모두 가능한데, '좋은 사람'은 기능적 의미, '선한
   사람'은 도덕적 의미이다. 정확히 말하면, '좋은 사람'에 도덕
   적인 면이 전혀 없다기보다는, 예를 들어, '함께 일하기 좋은
   사람'처럼 '좋은 사람'은 기능적인 면을 중심으로 도덕적인 면
   까지 포괄하기도 하는 좀 더 광의의 개념이다. 반면, '선한 사
   람'은 무조건 도덕적인 표현이다. 이와 같이 '선함(선한)'과 '좋
   음(좋은)'은 한국어에서 구별되어 쓰인다. 따라서 어쩔 수 없이
   본서에서는 '선함'과 '좋음', '선한'과 '좋은'을 문맥에 따라 혼용
   해서 사용했다. 그리고 의미가 중첩된다고 판단한 경우에는
   '선(좋음)'과 같이 두 번역어를 병기했다.

2 여기서 '이해관계'로 번역한 원어는 'Interest'다. 독일어 'Inter-est'는 영어 'interest'와 동일하게 '관심사', '이익', '이해관계', 나아가 '이자'로 번역할 수 있는 단어다. 관심과 이익은 한국어에서는 그 의미가 매우 동떨어져 있으나, 독일어와 영어에서는 'Interest'라는 한 단어로 수렴된다. 그렇기 때문에 단일한 어휘로 번역하기가 매우 까다롭다. 'Interest'가 관심과 이해관계라는 얼핏 상관없어 보이는 두 의미를 수렴하는 이유는 아마도, 서양 전통에 개인이 관심을 두는 것은 자신에게 이익이 되는 것이라는 관념이 있기 때문일 것이다. 그렇기 때문에 개인의 관심과 타인의 관심이 이익의 측면에서 서로 충돌하기도 하고 때로는 화해하기도 한다고 보는 것이고, 그 충돌/화해의 구조를 이해관계라 일컫는 것이다. 그리고 'Interest'는 이 모든 의미를 포괄한다. 따라서 본서에서는 'Interest'를 그때그때 문맥에 따라 '이해관계'로 번역하기도 하고 '관심사'로 번역하기도 했다. 독자께서는 이 두 어휘가 모두 'Interest'의 번역어임을 양지해 주시기 바란다.

3 고대 그리스 신화에 등장하는 전설의 여성 부족으로, 활을 쏘기 위해 오른쪽 유방을 제거했다고 전해진다. 아마조네스(ἀμαζός)라는 이름 자체가, '없음'을 나타내는 고대 그리스어 접두사 '아(ἀ)'와 '유방'을 의미하는 '마조네스(μαζός)'의 합성어로서 '유방이 없음'이라는 의미이다.

4 막시밀리안 콜베는 프란체스코회 신부로 유대인을 도왔다는 죄목으로 아우슈비츠 수용소에 수감되었다. 수감 중 다른 수감자 대신 형벌을 자청해 받았다. 그렇게 아사형(餓死刑)을 선

고발고도 2주가 지나도록 생존하자 결국 독극물 주사를 맞고 사망했다. 1982년, 로마 교황청에 의해 성인(聖人)으로 추존되었다.

5   아리스토텔레스, 『니코마코스 윤리학(*Ethica Nicomachea*)』, 3권과 5권 참조.

2장

사람 만들기
(양육)

쾌락 원리와
현실 원리

앞 장에서는 우리가 이미 알고 있는 것을 되새겨 보았습니다. 더 좋은 것과 더 나쁜 것, 선과 악은 서로 구별되는 다른 것이다, 그런데 좋음과 나쁨은 특정 개인의 필요에 따라 상대적으로 구별되는 것이 아니라, 구체적 요소와는 무관한 절대적 가치 평가에 따라 구별되는 것이다. 이런 것들입니다. 우리는 좋음과 나쁨의 구별이 개별적 역사, 문화적 차이 등과는 전혀 상관없는 보편타당한 것임을 이미 알고 있습니다. 이 보편성을 토대로 해야 문화에 따른 상이한 도덕적 기준들을 서로 비교할 수 있게 됩니다. 또 우리는 이런 비교 과정을 통해 타 문화의 도덕적 기준이 우리 문화의 도덕적 기준보다 더 좋다는 평가를 내리기도 합니다.

지금까지 우리의 우선 과제는 회의주의와 상대주의에 맞서 이런 근원적인 앎을 지켜 내는 것이었습니다. 이제는 옳고 그름, 좋고 나쁨, 선과 악의 의미를 정확히 이해하기 위해, 몇 가지 사항을 더 고려해야 합니다. 시작해 봅시다.

우리는 도덕적 물음과 '당위' 즉 '반드시 해야 함'이라는 말을 연결하는 데 익숙합니다. 도덕적 물음을 요구나 명령의 견지에서 이해하는 것이죠. 요구는 우리의 의지에 영향을 미칩니다. 원하지 않는 것을 우리는 할 수 없습니다. 어떤 것을 하려면, 일단 내가 그것을 원해야 합니다. '반드시 해야 함'은 '원함'을 의미합니다.

그러므로 '나는 내가 원하는 것을 한다'는 표현은 완전히 동어반복입니다. 왜냐하면 이미 앞 장에서 살펴본 것처럼, 모든 사람은 어쨌거나 각자 원하는 것을 하기 때문입니다. 문제는 우리가 왜 어떤 것을 하기를 원해야 하는가입니다. 의사의 지시에 따라

기름진 음식을 먹지 않는 사람은 건강을 원하기 때문에 그리하는 것입니다. 노상강도에게 지갑을 내주는 사람조차도 자신의 생명이나 몸의 보호를 원하기 때문에 그리하는 것입니다. 아무것도 의욕하지 않는 사람에게 요구할 수 있는 것은 없습니다. 병적으로 무관심한 상태, 즉 의욕 상실증에 빠져 있는 사람에게 모든 당위는 공허합니다.

약 2,500년 전, 올바른 삶에 대한 철학적 사유, 즉 윤리학이 시작되었을 때 최초로 제기되었던 질문은, '우리는 무엇을 해야 하는가'가 아니라 '우리가 진정으로 그리고 근본적으로 원하는 것은 무엇인가'였습니다. 우리가 무언가를 원할 때, 그 원함의 대상 자체를 원하는 경우는 거의 없습니다. 대부분 다른 어떤 것을 얻기 위한 수단이 되는 것을 원하죠. 의사와 강도의 예를 보세요. 모든 당위는 반드시 의욕과 결부됩니다. 그렇지 않으면 우리가 당위를 우리 자신의 것으로 받아들여야 할 이유가 전혀 없죠. 우리가 진정으로 그리고 근본적으로 원하는 것이 무엇인지를 정확히 이해해야, 마땅히 해야 할 것과 올바른 삶이 무엇인지도 알 수 있을 것이라는 생각, 그것이 고대 그리스인들의 생각이었습니다. 고대 그리스인들은 우리가 진정으로 그리고 근본적으로 원하는 것, 그래서 그것 외의 나머지 것을 원하고 행위할 때의 근거가 되는 바로 그것, 그것을 '선' 또는 '최고선'이라고 불렀습니다.

고대 윤리학의 주요 관심사, '최고선이란 무엇인가?'라는 물음은 '윤리적으로 정당한 것은 무엇인가?'를 의미하지 않습니다. 오히려 '우리가 추구해야 할 참되고 궁극적인 목적은 무엇인가?'를 의미합니다. 이 궁극적 목적에 대해 알면, 우리는 어떤 도덕이 자연스러운 도덕이고, 어떤 도덕이 부자연스러운 억압적 도덕인지 구별할 수 있게 됩니다. 우리가 진정으로 그리고 근본적으로 원하는 것을 실현시켜 주는 도덕은 자연스럽고, 그렇지 못한 도덕은 부자연스럽습니다. 자연스럽지 못한 규범 체계에는 두 가지 유형이 있습니다. 하나는 인간을 '외적 결정'에 맡기는 유형, 다른 하나는 개개인의 '자의恣意, Willkür'에 맡기는 유형입니다.

외적 결정은 우리 의욕에 영향을 줍니다. 권력자는 그의 욕구를 우리가 먼저 충족시키게 한 다음에야 우리 욕구를 충족시켜 주곤 합니다. 그런데 사실 그 욕구는 우리가 진정 원하는 것과 상반되는 것입니다. 그는 지갑을 건네주면(자기의 욕구를 채우면), 우리를 살려 보내 주는(생존의 욕구를 채워 주는) 강도와 다를 바 없습니다. 이렇게 그 자체로는 우리가 결코 원하지 않을 만한 도덕규범들이 우리에게 주입됩니다. 그리고 이런 규범을 지키지 않으면 우리는 원하는 것을 실질적으로 얻지 못합니다. 이런 도덕은 '내면화된 외적 지배'라 할 수 있습니다.

우리 자의에 따른 도덕 역시 자연스러운 것이 아닙니다. 순간적인 욕구와 변덕 속에서 우리는 진정 원하는 것을 얻지 못합니다. 잘 모르고 그런 경우도 있고 자기 통제력이 부족해서 그런 경우도 있습니다. 모두 자연스럽지 못하죠.

그러면 각 개인의 소망과 열망을 모두 아우르는 동시에 사회적 층위에도 적용될 수 있는 인간의 근본 의욕이라는 게 과연 존재할까요? 존재한다면 그

것은 무엇일까요?

이 질문에 최초로 내려진 답변, 하지만 오늘날에도 여전히 널리 퍼져 있는 답변이 있습니다. '우리가 본질적이자 근본적으로 원하는 것은 쾌락을 늘리고 불쾌를 피하는 것이다. 간단히 말해서 우리는 기분 좋게 지내기를 원한다. 이 목적 달성에 도움이 되면 좋은 것이고 방해가 되면 나쁜 것이다.' 우리는 이런 주장을 '쾌락주의'라고 부릅니다. 쾌락주의는 우리의 행위 근거를 성찰한 첫 번째 결실이자 최초의 체계적 도덕 원리였습니다. 쾌락주의의 문제점에 대해서는 나중에 또 살펴보겠지만, 그에 앞서 쾌락주의가 발견한 것이 하나 있다는 사실을 먼저 짚는 것이 좋겠습니다. 이 장의 서두에서 밝힌 것처럼 '우리는 어떤 것을 해야 하기 전에, 먼저 그것을 의욕해야 한다'는 것이 그것입니다. 그 자체로 좋은 어떤 것을 하려면 어쨌든 나에게도 좋은 것이어야만 합니다. 왜냐하면, 그래야만 나에게 동기 부여가 되고, 또 그로부터 나는 어떤 식으로든 만족을 얻기 때문입니다. 그렇지 않으면 우리에겐 어떤 의욕도 일어날 수 없을 것입니다.

그럼에도 쾌락주의는 스스로 얻은 이 발견을 이내 잘못 해석합니다. 쾌락주의는, 원하는 목적이 달성되면 언제나 만족이 따라온다는 사실을 가지고, 만족 자체가 행위의 본래적 목적이라는 결론을 내립니다. 다시 말해서, 만족이라는 목적만을 위해 이런저런 것을 의욕할 뿐이라는 겁니다. 하지만 이들의 주장은 근거가 없습니다. 내가 누군가의 생명을 구하거나 또는 누군가의 도움에 감사를 표해 그 사람을 즐겁게 하면, 물론 나도 기쁠 것입니다. 하지만 내가 오로지 그 만족 자체를 얻으려고 그런 행위를 했다고 말하면, 이는 내 행위를 너무 위악적^{僞惡的}으로 보는 것입니다. 우리 행위를 다른 사람이 그렇게 해석하거나 심지어는 우리 자신이 스스로 이른바 '관찰자'가 되어 우리에게 일어난 욕구를 반성하면서 그렇게 해석할 수는 있겠지요. 그러나 이 모든 것은 사후^{事後}의 해석일 뿐입니다. 어떤 것을 원하고 그에 따라 행위하는 단순함과는 거리가 있습니다.

물론 모든 철학적 쾌락주의자가 이런 오류를 범하

는 것도 아니고, 철학적 쾌락주의자라고 항상 이런 오류를 범하는 것도 아닙니다. 에피쿠로스Epikouros 같은 사람은, 인간이라면 자기 자신의 쾌락뿐 아니라 삶에서 마주치는 그 외의 것들, 이를테면 중요한 것/중요하지 않은 것, 좋은 것/나쁜 것 등에도 관심이 있을 수밖에 없음을 아주 잘 알고 있었습니다. 그러나 그는 이런 것을 인간의 자기 소외 상태로 취급했고, 나아가 인간이 원하는 것을 성취하지 못할 때 생기는 불행한 상태로 간주했습니다. 그는 모든 인간은 쾌락주의자라고 주장하지 않았습니다. 오히려 인간은 쾌락주의자가 '되어야' 한다고 주장했습니다. 최고선은 사물이나 인간 자체가 아니라, 사물이나 인간을 만나면서 발견하는 즐거움에 있음을 알아야 한다고 그는 역설합니다.

쾌락주의에는 적극적 쾌락주의와 소극적 쾌락주의가 있습니다. 대체로 전자는 쾌락의 극대화를, 후자는 고통의 회피를 강조합니다. 우리는 사회의 지배층이 적극적 쾌락주의에 빠지는 것을 종종 목격합니다. 그들은 욕망을 확장하면서 스스로 그 욕망을 감당할 능력이 있다고 생각합니다. 자신이 욕구 충족 수단을 소유하고 있다고 믿으니까요. 반면 소극적 쾌락주의는 도리어 금욕적입니다. 엄습할 수 있는 좌절을 미리 최소화하기 위해 욕망을 줄입니다. 이것이 에피쿠로스의 입장입니다. 대체로 이런 입장은 건강에 신경을 쓰는 경향이 있습니다. 쾌락의 증대는 길게 보면 건강과 관련되니까요.

또 하나의 고려 사항이 있습니다. 결과적으로 보면, 행복의 정도는 기대의 양과 반비례합니다. 그래서 소박한 욕구를 지닌 사람보다 다양하고 많은 욕구를 지닌 사람이 더 쾌락을 누리지 못하는 것입니다. 이때 쾌락은 성취하기도 더 어렵고, 성취를 위한 시간도 더 많이 투자해야 하는 것이 됩니다. 이는 돈이 엄청 많다고 해결할 수 있는 문제도 아닙니다. 나아가 이런 쾌락은 유지하기도 어렵습니다. 그래서 에피쿠로스가 욕망을 줄이는 것이 현명하다고 한 것입니다.

마지막으로 한마디 덧붙이자면, 덕, 호의, 우정, 자비 같은 것 역시 에피쿠로스에게는 좋은 삶을 이루는 요소입니다. 모두 인간에게는 기쁨의 원천이 되는 것이기 때문입니다. '받는 것보다 주는 것이 더 복되다'[1]라는 예수의 말은 쾌락주의적으로도 정당화될 수 있습니다. 이처럼 쾌락주의는 삶의 유용한 기술이 될 만한 중요한 통찰을 담고 있습니다. 그러나 쾌락주의는 이내 이 중요한 통찰을 어그러뜨립니다. 앞으로 보겠지만, 쾌락 추구에 집착할수록, 실제로는 진정한 행복에 도달하기 어려워진답니다.

일단 꼭 분명히 해야 할 것이 있습니다. 쾌락이 인간에게 일차적이자 가장 중요한 추구의 대상이라 칩시다. 그런데 쾌락 추구에는 자기 보존 추구가 언제나 함께한다는 것도 분명한 사실입니다. 이는 인간 발달의 최초 단계에서도 발견되는 사실입니다. 동물은 본능적으로, 자기 보존이나 종족 보존을 쾌락 증대나 고통 회피와 바로 연결시킵니다. 자연환경 조건하에서, 동물은 자기 보존에 이로운 것을 맛있다고 느끼며 먹습니다. 종족 보존에 대해 동물은 별다른 생각을 할 필요가 없습니다. 종족 보존은 성적 충동을 만족시키면 자연히 따라오는 것이니까요. 동물과 마찬가지로 인간도 배고픔과 목마름, 그리고 성적 충동을 느낍니다. 그런데 인간은 이런 충동이 만족되었을 때 굳이 이를 되새겨 봅니다. 그리고 이 충동들을 자기 보존과 종족 보존이라는 자연적 목적으로부터 분리시킵니다. 우리가 사는 세계는 우리의 종적 특성에 딱 들어맞는 본능의 구조로 미리 짜인 세계가 아닙니다. 무한한 만족 가능성과 무한한 위협에 노출된 세계입니다. 우리는 무언가를 욕구하는 순간 그 대가를 치르지 않으면 안 되는, 그런 존재입니다.

그래서 프로이트Sigmund Freud가 '쾌락 원리'와 '현실 원리'[2]라는 두 개념으로 유아기 발달을 설명한 것입니다. 내용은 이렇습니다. 초기에 유아에게는 제멋대로의 리비도Libido, 즉 신체 접촉과 신체 결합의 충동만 있습니다. 그러나 곧 자신 앞에 서 있는 실재가 만만치 않은 것임을 깨닫게 됩니다. 이런 충동의 무한 충족을 현실(실재)은 쉽게 허락하지 않습니다. 그렇게 우리는 현실에 자신을 맞추지 않으면 안 된다는 걸 깨닫습니다. 또, 그러다 보면 버려야 할 욕구들도 생겨납니다. 다른 욕구를 채우기 위해서, 나아가 우리의 현존재^{Dasein}, 즉 실존을 유지하기 위해서 말입니다. 프로이트는 이런 현실 원리로부터 이성이 출현하게 되었다고 생각했습니다. 모든 욕구가 별다른 노력 없이 바로 충족되는, 외부의 어떤 조건에도 별 신경을 쓸 필요가 없는 지상낙원에서라면, 이성 같은 것이 발달할 이유가 아예 없다는 것이죠. 그래서 프로이트는 인간의 삶을, 우리가 진정 원하는 것, 즉 리비도의 무제한적 충족과, 그 충족을 억압하는 현실에의 적응 사이에서 이루어지는, 자기 보존을 위한 어쩔 수 없는 타협이라고 생각했습니다. 그렇게 보면 인간은 일종의 억압된 쾌락주의자인 셈입니다. 프로이트에 따르면 모든 신경증은 여기에 기인합니다. 그런데 모든 고차원적 문화도 여기에 기인합니다. 고차원적 문화는 소위 원초적 충동이 승화되어 이루어진 것이기 때문입니다.

　프로이트가 그전까지 베일 속에 싸여 있었던 현상을 찾아낸 것은 사실입니다. 하지만 그 현상에 대한 그의 해석도 과연 올바른 것일까요? 다음과 같은 사고 실험을 해 봅시다. 여기 수술대에 묶여 있는 한 사람이 있습니다. 그는 마취 상태이고 뇌에는 전선들이 연결되어 있습니다. 그리고 이 사람이 지속적인 행복감을 느낄 수 있도록 섬세하게 조정된 전기 충격이 전선을 통해 특정 뇌 중추에 전달됩니다. 이 사람은 지극히 행복한 표정을 짓고 있습니다. 이 실험을 주도하는 의사는 말합니다. 이 사람을 적어도 10년 동안은 지금의 상태로 놔둘 것이고, 10년 후에는 기계 장치의 전원을 꺼서 그가 아무 고통 없이 죽게 할 것이라고 말이죠. 이제 의사는 우리에게도 똑같은 서비스를 제공할 수 있다고 제안합니다. 자, 이제 스스로에게 물어봅시다. 당신은 이 극상의 행복을 제공하는 서비스를 기꺼이 받아들일 수 있나요?

왜 우리는 이런 행복 서비스를 거부하는 것일까요? 그 대답은 간단합니다. 단순히 쾌락을 얻는 것이 결코 우리가 진정으로 그리고 근본적으로 원하는 것일 수는 없기 때문입니다. 수술대 위의 사람은 분명 최고의 쾌감을 누리고 있습니다. 하지만 우리는 그와 자리바꿈하길 원치 않습니다. 차라리 지금의 평범한 삶을 택합니다. 왜 그럴까요? 그가 실제의 삶,

즉 실재의 바깥에 존재하는 사람이기 때문입니다. 그는 이런 진실을 전혀 알지 못합니다. 어쩌면 그는 엄청난 미남, 미녀들이 그를 한가득 둘러싸고 있는 꿈을 꾸고 있을지도 모릅니다. 그러나 우리는 평범하더라도 현실 속에 있는 사람들을 더 좋아합니다. 실재는 대체로 까다롭고 감당하기 버겁지만, 그렇다고 우리가 어쩔 수 없이 적응하기만 해야 하는 그런 것은 아닙니다. 오히려 우리는 실재를 결코 놓치지 않으려 합니다. 물론 실재 속에는 쾌락과 고통이 뒤섞여 있습니다. 그런데 고통은 너무 심하지만 않으면 아주 중요한 기능을 합니다. 우리 삶을 위협하는 것이 무엇인지를 알려 주면서 우리의 자기 보존을 돕습니다. 자기 보존 본능이 쾌락 추구를 제한한다고나 할까요. 그렇다고 보존과 쾌락 사이를 소심하게 절충한다는 뜻은 아닙니다. 한마디로, 쾌락 증대는 우리가 진정 원하는 것이 아니라는 겁니다. 근본적으로도 그렇고 실질적으로도 그렇습니다. 쾌락 증대는 우리를 흡족하게 하지만, 그저 하나의 부수 효과에 불과합니다. 그러면 실재의 경험은 어떨까요?

실재의 경험은 우리가 삶을 충만하게 하는 데 발목을 잡는 그런 것이 아닙니다. 오히려 우리 삶의 본질적 내용입니다. 이상하게 들릴지 모르지만, 우리가 위태위태하게 겨우 자기 보존을 유지하고 있다는 사실은 ─심지어는 우리 삶이 종국에는 죽음으로 마무리된다는 그 확실한 사실까지 포함하여─ 우리 삶에 무엇보다 큰 의미를 부여합니다.

이제 다른 사고 실험을 하나 더 해 보겠습니다. 지금 우리가 불사不死의 능력을 얻게 되었다고 상상해 봅시다. 그리스도교에서 말하는 사후死後의 차원 높은 존재 방식으로서의 불사가 아니라, 지금 모습 그대로이지만 고통도 없고 늙지도 않은 채 영원히 사는 그런 불사 말이죠. 이것이 어떤 의미인지를 이해하면, 당신은 이제 대재앙이 닥치리라는 것도 바로 알 수 있을 겁니다. 한 200년쯤 사는 것이라면 좋다고 할 수 있을지도 모르겠지만, 만약 정말 영원히 산다면 모든 순간, 모든 기쁨, 모든 인간적 만남은 모조리 무의미한 것으로 퇴색되어 버릴 것입니다. 지금 우리가 하는 모든 일은 내일 하든 모레 하든 아무 상관

없는 그런 것이 되어 버릴 것이고, 따라서 우리는 세상만사 일체에 시큰둥해질 것입니다. 지금 이 순간이 소중한 까닭은, 우리 인생에서 이 순간이 다시는 돌아오지 않는다는 사실 때문입니다. 영원한 삶 속에는 소중하다고 할 만한 것이 있을 수 없습니다. 여기에 바로 역설이 존재합니다. 삶의 종말에 대한 불안Sorge이 없다면 의미로 충만한 현존재도 있을 수 없습니다.[3]

아까 쾌락 증대가 삶의 목적이 될 수는 없다고 했었죠? 마찬가지로 자기 보존도 삶의 참된 목적이 될 수는 없습니다. 자기 보존이 참된 목적이라면 우리는 영원히 살기를 원할 텐데, 앞서 보았듯 우리는 그런 삶을 원하지 않으니까요. 모든 것을 다 바쳐 쾌락을 얻으려 하지 않듯, 우리는 모든 것을 다 바쳐 자기 보존을 하려 하지도 않습니다. 세상에는 타인을 위해 스스로의 목숨을 희생하는 사람도 있죠. 브레히트B. Brecht의 말마따나, '나쁜 삶을 죽음보다 더 두려워하는'[4] 사람도 있는 겁니다. 윤리학의 역사를 보면, 쾌락주의 도덕론뿐 아니라 —실은 이에 대한 반작용

으로서— 자기 보존의 도덕론, 개인적 자기 보존이
든 사회 시스템의 보존이든 여하튼 모든 것을 보존
의 관점 아래에 끌어넣는 그러한 도덕론도 존재해
왔습니다.

　그러나 이런 관점은 '도대체 **무엇을** 보존해야 하는
가'에 대해서는 물음을 던지지 않습니다. '가치 있는
삶이 무엇인지'를 묻지 않고 '생명 보존에 필요한 조
건이 무엇인지'를 묻습니다. '가치 있는 삶에 대한 물
음'이 '생명 보존의 조건에 대한 물음'에 가려져 있는
것이죠. 이렇듯 자기 보존의 도덕론도 '좋음'의 완전
한 의미를 드러내 주지는 못합니다. 삶의 충만함에
입각한 관점과 삶의 보존에 입각한 관점은 서로 분
리될 수 없습니다. 정치적 영역도 마찬가지입니다.
시민의 자유권과 주관적인 만족은 아무 제한 없이
확장하지만 보존과 안전에 필요한 조건은 안중에도
없는 사회라면, 그 자유와 복지는 곧 종말을 고할 것
입니다. 반면 자유 체제의 굳건한 유지에만 온 힘을
쏟으며 나머지 것들은 모두 체제 유지 밑으로 종속
시키는 사회도 있습니다. 그 나머지 것들이 정작 보

존되어야 할 것이고, 나아가 그 체제의 존재 의의가 되는 것인데, 자유 체제를 유지한답시고 결국에는 정말 소중한 것들을 희생시키는 그런 사회입니다. 이렇게 좌로든 우로든 너무 정치적으로 편향되면 좋은 삶은 어그러지기 마련입니다.

체제는 변화하는 환경에 적응하지 못하면 존속할 수 없습니다. 체제는 너무 경직되면 붕괴하기 마련입니다. 하지만 그렇다고 적응과 변화에 너무 치중하면 그 체제는 정체성을 잃고 역시 붕괴합니다. 그 체제는 이미 이전의 그 체제가 아닌 것이 될 테니까요. 자기 보존에 매몰되면 ―경직된 집착에 의해서든 지나친 적응에 의해서든― 성공적인 삶을 영위하기 어렵습니다. 보존과 충만함의 관계는 변증적입니다. 누군가가 이 둘 중 한쪽에 치우쳐 있다면 그건 성향의 문제겠죠. 결국 그의 앞에는 채우지 못할까 봐 생기는 두려움과 잃을까 봐 생기는 두려움이라는 선택의 갈림길이 놓여 있고 이 선택은 그의 성향에 따라 이루어질 겁니다. 정치적 좌파와 우파는 앞의 언급대로, 이 두 종류의 두려움과 경향성에 따라, 즉 쾌락 원리와 현실 원리, 충만 원리와 보존 원리에 따라 분류, 유형화할 수 있습니다.

1960년대 좌파 운동의 정신적 지도자 중의 한 명이었던 마르쿠제Herbert Marcuse는 다음과 같이 주장했습니다. 장차 실현될 풍요로운 사회라면 프로이트가 불가피하다고 여겼던 현실 원리 지배가 완화될 수 있을 거라고 말이죠. 1968년, 파리 소르본대학의 벽에는 "상상력을 권력으로"라는 구호가 붙어 있었는데, 이 구호야말로 마르쿠제의 정신을 한껏 반영한 것이었습니다. 이렇게 희망에 차 있던 사람들에게, 석유 파동과 그에 뒤따라 일어난 모든 일은 너무나 절망스러웠을 겁니다. 하지만 절망은 언제나 좋은 것입니다. 환상이야말로 언제나 나쁜 것이죠. 궁극적으로 그리고 근본적으로, 인간을 그저 주관적 쾌락 상태만 좇는 존재로 보는 사람만이 오로지 실재를 적대시합니다. 하지만 다른 생각을 하는 사람도 있습니다. 이런 사람은 우리가 실재Realität 즉 현실Wirklichkeit을 실은 진정으로 원한다는 것, 우리는 실재를 경험하고 나아가 실재와 능동적으로 마주하면서 자기 자신을 찾아가는 존재라는 사실을 이해합니다. 그는 현실을 경험하고 현실을 올바르게 대할 때 좋음(선)의 영향이 커진다는 것을 이해합니다.

이 장의 제목은 '사람 만들기(양육): 쾌락 원리와 현실 원리'입니다. 그런데 여태껏 '사람 만들기(양육)'란 단어는 한 번도 등장하지 않았습니다. 그러나 사실 지금까지 줄곧 얘기한 것은 모두, 사람 만들기에 관한 것입니다. 유아가 주관적 감정 세계의 한계에서 벗어나 신중하게, 그리고 목표 지향적으로 실재에 접근하는 과정, —여기서 실재는 우리 없이도 오롯이 존재하는 현실을 말합니다— 그것이야말로 모든 윤리, 즉 올바른 삶의 방향을 바라보면서 진중하게 던지는 모든 물음의 시발점입니다. 일찍이 루소는, 유아가 엄마 품에 안긴 채 사과를 집으려 할 때 그 사과를 가까이 밀어 주면 안 되고 오히려 유아를 사과 쪽으로 데려가라고 권고한 바 있습니다. 그렇게 유아는 자신이 사물을 좌지우지할 수 없다는 것을, 그리고 스스로가 직접 다가가야 한다는 것을 깨닫습니다. 그래서 마티아스 클라우디우스^{Matthias Claudius}

가 아들 요하네스에게 "내 아들아, 진실은 우리에게 맞춰 주지 않는다. 우리가 진실에 맞춰야 한다"[5]라는 글을 써 준 것입니다. 이런 게 유감스러운 것이 아니라 다행스러운 것임을 아는 것이 중요합니다. 우리는 오직 만만치 않은 현실 속에서만 스스로 힘을 기를 수 있기 때문입니다. 능력과 힘의 발전 없이는 진정한 기쁨을 얻을 수 없습니다. 유아의 사람 만들기라는 과업을 맡은 사람이라면, 자신과는 독립적으로 엄존하면서 동시에 만만치 않은 존재로 다가오는 현실을 유아에게 보여 주어야 합니다. 보통 유아가 만나게 되는 첫 번째 엄존하는 현실은 엄마입니다. 유아의 현실에 대한 첫 경험은 이렇게 자신을 도와주는 우호적인 존재와의 만남으로 나타납니다. 이 근본적 경험을 심리학에서는 '원초적 신뢰'라고 부르는데, 이는 사람 만들기 과업에서 가장 중요한 것입니다. 낙원과도 같았던 엄마의 품, 즉 온전한 세계를 기억하는 사람은 이 험난한 세상, 즉 결여의 세계를 좀 더 쉽게 견뎌 낼 수 있기에 그렇습니다.

주석

1 「사도행전」, 20장, 35절.

2 역자는 본서에서 가급적 'Realität'는 '실재(實在)'로, 'Wirklich-
keit'는 '현실(現實)'로 번역하였다. 사실 '실재'는 '현실'과 달리
일상어라기보다는 철학적 개념에 가깝다. 그럼에도 본서에
서 저자가 서 있는 입장이 실재론(realism)이라는 점을 감안하
여 그대로 '실재'로 번역했다. 철학적 개념으로서의 '실재'는
인식 혹은 행위 주체와 독립적으로 존재하는 것을 의미한다.
그리고 '실재론'은 주체의 영향권 밖에 있는 객관적 대상의 존
재의 독립성을 인정하는 입장을 말한다. 반면, '현실'은 주체
에게 다가온 실재를 의미한다. 그런데 프로이트의 '현실 원리'
의 원어는 'Realitätsprinzip'이다. 따라서 본서의 번역 원칙에
준해 이 또한 '실재 원리'로 번역하는 것이 마땅하나, '현실 원
리'라는 번역어가 널리 통용되는 까닭에 어쩔 수 없이 '현실
원리'로 번역하고 필요에 따라 '실재'와 '현실'을 병기했음을
밝힌다.

3 마르틴 하이데거(Martin Heidegger), 『존재와 시간(Sein und Zeit)』,
1부, 6장, 39절 참조.

4 B. 브레히트의 희곡, 『어머니(Die Mutter)』 중 한 대사.

5 마티아스 클라우디우스의 편지, 『내 아들 요하네스에게(An
meinen Sohn Johannes)』, 1799.

3장

교양 쌓기
(교육)

자기 이익과
가치감

그러면 우리가 진정으로 그리고 근본적으로 원하는 것은 도대체 무엇일까요? 앞에서는 고전 철학의 전통적 물음과 연결시켜 이 질문을 다뤘습니다. 그리고 쾌락주의적 답변에 대해 논했습니다. 사실 이런 것은 윤리 규범의 타당성을, 즉각적이면서도 자명하게 입증하기 어려울 때 쉽게 떠올릴 만한 답변이죠. 쾌락주의는 우리가 진정으로 그리고 근본적으로 원하는 것은 쾌락 증대와 안녕이라고 주장합니다. 우리는 앞 장에서, 실은 쾌락주의가 다른 어떤 것, 자기 보존을 원한다는 점을 들어 이 견해의 한계를 짚어 보았습니다. 프로이트는 현실 원리가 쾌락 원리를 제한한다고 주장했습니다. 그에 따르면, 인간은 억압된 쾌락주의자, 즉 생존을 위해 어쩔 수 없이 냉혹한 현실(실재)에 적응하지 않을 수 없는 존재입니다. 앞서 보았듯, 이런 견해도 충분한 답변이 될수는 없습니다. 왜냐하면, 우리는 실제로 실재를 원하기 때문입니다. 몹쓸 병에 걸리거나 무엇인가에 중독되지 않는 한, 우리는 환상 속의 행복감이 아니라 현실(실재) 속 행복을 원합니다.

이제 한 걸음 더 나아가, 좋은 삶을 영위하려면 어떻게 해야 하는지로 생각을 발전시켜 봅시다. 쾌락 증대와 자기 보존은 묶어 보든 떼어 보든, 우리의 궁극적 목적에 대해 충분한 답을 주지 못하는 추상적 개념들입니다.

플라톤의 대화편에서 소크라테스는, 쾌락 증대만이 추구할 만한 유일한 목표라고 주장하는 상대에게 이렇게 응수합니다. 그러면 세상에서 가장 행복한 사람은 항상 가려운 곳이 있고 동시에 그곳을 항상 긁을 수 있는 사람이라고 말이죠. 상대는 이런 소크라테스의 유치한 대답에 화를 냅니다.[1] 결론적으로 가려운 데를 긁는 것보다 더 고상한 쾌락이 존재한다는 얘기입니다. 그러면 저급 쾌락과 고급 쾌락을 나누는 기준은 도대체 무엇일까요?

사실 이 두 종류의 쾌락은 우리 언어에 이미 구분되어 있습니다. 우리는 고급 쾌락을 '쾌락Lust'이라고 말하지 않습니다. '기쁨Freude'이라고 말하죠. 묘하게 우리는 육체적 쾌락을 누리는 바로 그 순간에도 우울한 기분을 느끼곤 합니다. 반면 신체적 고통을 느끼는 그 순간에 강렬한 기쁨을 체험하기도 하죠. 물론 후자의 경우 그 고통이 우리가 정신을 차릴 수조차 없을 만큼 극심해서는 안 되겠죠. 위 두 가지 경우 중 어느 쪽이 더 나은 것인지를 모를 사람이 있을까요? 우울한 사람에게 쾌락은 아무런 의미가 없을 것이고 기쁜 사람은 그 자체로 기뻐하고 있는 것이니 답은 분명합니다. '기쁨을 통해 무엇을 얻는가'라는 질문은 어리석은 질문입니다. 우리가 기쁨을 통해 얻는 것은 아무것도 없습니다. 오히려 기쁨을 얻기 위해 무언가를 하죠. 우리가 얻을 수 있는 것 중 기쁨 이상의 것은 없습니다. 우리는 보통 무엇에서, 또는 무엇에 관해서 기쁨을 느낀다고 말하곤 하는데, 이는 우연이 아닙니다. 쾌감은 무언가에 의해 촉발되어 생겨나는 것입니다. 하지만 기쁨에는 그 대상이나 내용이 있습니다. 그리고 기쁨의 내용이 다양하면 기쁨의 종류도 다양해집니다. 롤링 스톤스의 음악을 들을 때 느끼는 기쁨과 비틀스를 들을 때 느끼는 기쁨은 다릅니다. 베토벤 피아노 소나타를 듣는 기쁨과 발트슈타인의 소나타를 듣는 기쁨은 다릅니다. 이 친구를 만날 때의 기쁨과 저 친구를 만날 때의 기쁨은 다릅니다.

우리는 감정이 향하는 내용이나 대상에 '가치'라는 이름을 붙입니다. 현실의 가치 내용은 기쁨과 슬픔, 존경과 경멸, 사랑과 미움, 희망과 공포 등을 불러일으키며 우리 앞에 나타납니다. 역설적이죠. 그런데 쾌락 증대와 주관적 안녕을 삶의 목적이나 행동 목표로 삼으면 여기서 기쁨이라 일컫는 심원한 의미의 행복을 결코 경험할 수 없습니다. 기쁨은 현실이 지닌 가치 내용을 온몸으로 받아들이는 사람에게만 찾아옵니다. 그리고 이런 사람이야말로 자기 몰두에서 벗어나 **자신 외부의 존재에서**, 또는 **외부의 존재에 관해서** 기쁨을 찾을 수 있는 사람입니다.

이런 가치 내용이 처음부터 우리 모두에게 열려 있지는 않습니다. 가치 내용은 점진적으로 모습을 드러냅니다. 인간이 자신의 관심사를 객관화하는 법을 배우면, 배운 그만큼만 가치 내용은 모습을 드러냅니다. 좋은 음악을 듣고 이해하는 법을 **배워야** 우리는 그 속에서 기쁨을 경험할 수 있습니다. 또 책을 주의 깊게 읽는 법, 타인을 이해하는 법, 심지어는 와인을 구별하는 법도 **배워야** 그 속에서 기쁨을 경험할 수 있습니다. 와인 전문가는 초보자들은 상상할 수도 없는 기쁨을 누립니다. 이 역시 맛을 감별하는 교육 과정 없이는 불가능한 것입니다.

'교양 쌓기Bildung'란 이런 것입니다. 교양 쌓기를 통해 인간은, 동물적인 자기 몰두에서 벗어나 자신의 관심사를 객관화하고 차별화합니다. 그리고 기쁨과 고통에 대한 감수성은 고양됩니다. 요즘, 교양 교육은 결국 젊은이들이 이해관계가 얽힌 자신의 관심사를 합리화하는 데 일조할 뿐 그 이상의 목적은 찾기 어려운 것이 아니냐는 말을 듣곤 합니다. 하지만 교양 교육에는 이보다 훨씬 더 근본적인 목적이 있습니다. 교양 교육은 관심을 가지는 법, 말하자면 '외부의 존재에 관심을 가지는 법'을 가르치는 것입니다. 자기 이익을 대변하는 법만 배우려는, 자기 자신 외엔 아무 관심이 없는 사람은 결코 행복한 사람이 될 수 없습니다. 그래서 교양 교육이 성공적인 삶에 본질적 요소가 되는 것입니다. 자신의 관심사를 객관화하고 이를 발전시키면서 현실의 가치 내용을 지각할 수 있게 해 주는 것이 교양 교육이니까요.

다양한 가치와 마주칠 때, 우리는 각각의 가치를 독립적으로 지각하지 않습니다. 어떤 가치를 다른 가치보다 더 선호하거나 덜 선호하면서 지각하죠. 이것이 가치 지각의 두드러진 특징이자 객관적 가치 서열이 존재하게 되는 배경입니다. 가치 서열은 가치를 제대로 파악한 사람에게 또렷하게 나타납니다. 바흐J.S. Bach에도 텔레만G.P. Telemann에도 별 관심이 없는 사람 같으면 아마, 누가 더 위대한 작곡자인지는 취향의 문제일 뿐이라고 말할지 모르겠습니다. 하지만 이 두 작곡자를 제대로 아는 사람이라면 절대 그렇게 말할 리가 없습니다. 개인적으로 텔레만을 더 좋아하는 사람이 있을 수도 있겠죠. 하지만 그조차도 더 위대한 작곡가는 바흐라고 말할 것입니다.

가치 서열은 가치의 급이 다를 때 더욱 뚜렷하게 나타납니다. 예를 들어 쾌락을 즐기는 것(향락)과 불의에 맞서는 용기를, 가치 측면에서 서로 비교해 봅시다. 용기와 향락이 지닌 가치를 모두 제대로 이해하고 있는 사람은 결코 이 둘을 동급으로 취급하지 않습니다. 그러면 스스로 모순에 빠지게 되니까요. 용기 있는 사람이라는 말이 바로 가치 서열상 불의에 맞서는 걸 향락 위에 놓는 사람을 가리키는 것이기 때문에 그렇습니다. 만약 용기와 향락이 동급의 가치를 지닌다면, 용감한 사람은 그냥 쓸데없는 데 힘을 쓰는 비합리적인 사람이 되어 버립니다. 용기라는 덕목도 아무 가치가 없는 것이 되어 버리죠. 그러면 결국, 용기를 아무 가치가 없는 것으로 보거나 아니면 서열상 용기를 향락 위에 두거나, 선택지는 둘 중 하나만 남습니다. 즉, 상위 가치는 그 가치를 아예 알아보지 못하거나 아니면 높은 위치에 올려놓거나, 둘 중 하나입니다. 다른 선택지는 없습니다. 가치에 대한 감각과 가치 서열에 대한 감각, 이는 중요한 것과 덜 중요한 것을 구별하는 능력을 말합니다. 그리고 이 능력을 키워 주는 것이 바로 교양 교육입니다. 각 개인이 자신의 삶을 성공으로 이끌고 타인과 소통하기 위해 반드시 필요한 교육이죠.

개인적 삶은 시간을 매개로 한 연속적 상태들의 총합이라 할 수 있습니다. 성공적인 삶이 되려면 이 상태들이 정신분열증 환자처럼 단절되어서는 안 됩니다. 행복은 나 자신과의 조화, 나와 나 자신 사이에서 싹트는 우정을 의미합니다. 그 이상의 것이 아닙니다. 이런 것이 이루어지려면 나의 의지 작용에 연속성이 있어야 합니다. 별다른 일이 없으면 내일도 이 일을 계속할 수 있으리라는 확신이 있어야 나는 오늘 일에 착수할 수 있습니다. 또 내가 어제 좋은 것으로 여긴 것은 오늘도 대체로는 그래야 합니다. 우리의 상태와 행위가 객관적 서열과는 상관없는, 그저 우연히 닥쳐오는 외적 자극과 내적 기분을 항項으로 한 함수에 불과한 것이라면, 우리는 우리 자신과 하나가 되어 조화를 이룰 기반을 잃게 될 것입니다. 그리고 타인과의 조화 역시 깨지게 될 것입니다. 이런저런 주관적 관심사가 그저 이기적인, 또는 개개인의 본성에만 근거한 것이 되어 버릴 때, 그 관심사들 사이의 조화는 깨집니다. 만약 각자가 자신이 원하는 것만 고집하면, 그리고 우선순위와 긴급성에 따라 서열을 매겨 줄 공통의 표준이 존재하지 않으면, 관심사가 충돌할 때 그 해결 방법을 찾을 수 없게 됩니다. 요즘 유행하는 말들인 담론이나 대화, 토의 같은 것으로도 이런 충돌은 해결이 되지 않을 겁니다. 표준이 없으면, 대화 참여자가 자신의 관심사를 객관적 규준에 따라 질서 짓고 상대화할 수 있는 역량도 있을 리 없으니까요. 그들은 어린애처럼 계속 이렇게 되뇔 겁니다. "그래도 나는 이걸 원해!"

그래도 현실에서는 날마다 무수히 많은 합의가 이루어집니다. 그 합의는 논의하고 있는 관심사의 서열과 중요도에 관한 통찰을 대화 참여자들이 서로 공유하기 때문에 가능한 겁니다. 그리고 다행스럽게도 이들은 **누구의** 관심사인지만 아니라 **어떤** 관심사인지를 함께 묻습니다. 예를 들어 한 공간에 있는 흡연자와 비흡연자의 관심사가 서로 충돌한다고 칩시다. 그리고 비흡연자를 위해 금연구역을 설정하기로 결정했다고 칩시다. 이 결정은 비흡연자가 더 좋은 사람이어서 내려진 것이 아닙니다. 그랬다면 당연히 흡연자들의 반감을 사겠죠. 이 결정은 단지 비흡연자들이 원하는 가치가 흡연을 즐기는 것보다 더 우선하는 것이기 때문에 내려진 것일 뿐입니다. 물론 마음이 기껍지는 않겠지만 흡연자들도 이런 결정은 받아들일 겁니다. 이 결정을 이해하고 있기 때문에, 단순히 그래서 그렇습니다.

가치 통찰에 복종할 수 있는 이는, 당장은 자신의 만족에 반할지라도 윤리적 행위라 할 만한 것을 할 수 있는 사람입니다. 가치를 통찰하는 능력은 그 통찰에 복종하려는 마음, 다시 말해서 복종에의 의지와 함께 성장합니다. 그래서 복종에의 의지가 없으면 통찰의 능력도 상실하게 됩니다. 가치 통찰은 담론이나 가르침으로 얻을 수 있는 것이 아닙니다. 경험과 연습으로 얻어지는 겁니다. 현대 미술을 처음 접한 사람은 어설픈 감상평을 성급히 내놓기 쉽습니다. 그러다가 현대 미술의 문법을 배우게 되면, 다시 말해서 여러 작품을 감상하고 나면, 그제야 각 작품 간의 수준 차이를 알게 됩니다. 물론 교양을 잘 쌓은 사람들 사이에도 수준 평가를 둘러싸고 이견이 있을 수 있습니다. 그래도 이들 사이의 의견이 근본적으로 엇갈리기는 쉽지 않습니다.

오늘날 문학 이론에서는 우열을 가르는 가치 평가를 주저하는 경향이 있습니다. 말하자면 셰익스피어의 『리어왕』과 통속 소설을 같은 수준이라고 보는 거죠. 만약 우리가 이 두 작품을 두고 아주 전문적이면서도 형식적인 질문, 이를테면 문법 구조나 특정 어휘가 등장하는 빈도수를 묻거나 하는 언어학적 질문 같은 것을 던져야 하는 경우라면, 그런 중립적 태도를 견지해야 할 수도 있습니다. 그런데 그런 질문은 교양을 갖추지 않은 사람도 아마 대답할 수 있을 겁니다. 하지만 학교에서 교재를 선택할 때, 심지어는 개인적으로 읽을 책을 선택할 때도, 가치의 표준은 매우 중요합니다. 문학 이론을 위해 독서가 있는 것이 아니라, 독서를 위해 문학 이론이 있는 것이니까요. 시인과 작가가 글을 쓰는 이유는 문학 이론을 위해서가 아니라 독자를 위해서입니다. 그래서 책에 가치 기준이 존재하지 않는다는 말은 틀린 겁니다. 책에는 매우 명확한 가치 기준이 존재합니다. 바로 책을 읽으면서 얻는 기쁨의 정도가 그 기준입니다. 물론 셰익스피어 작품에서는 전혀 기쁨을 얻지 못하고 오히려 추리 소설을 읽을 때 큰 기쁨을 느끼는 사람이 있을 수도 있습니다. 그런 사람은 책을 선택할 때 별 도움이 되지 않습니다. 그런데 추리 소설을 읽으면서 기쁨을 느껴 본 적이 없는 사람 역시 도움이 되지 않기는 마찬가지입니다. 추리 소설과 셰익스피어 작품 모두에서 기쁨을 발견한 적이 있는 사람만이, 셰익스피어의 작품을 읽을 때 반복적으로 일어나는 훨씬 더 강하고 심원하며 지속적인 기쁨을 경험하게 됩니다. 물론 그 기쁨을 얻기 위해서는 많은 준비가 필요합니다. 그리고 그 기쁨은 자극적인 것도, 매번 찾아오는 것도 아닙니다.

가치는 자극적일수록 그 수준이 낮습니다. 그래서 더 큰 기쁨을 주는 더 높은 수준의 가치를 지각하려면 스스로 훈련을 해야 합니다. 수준 높은 가치는 관심을 쏟아서 보지 않으면 모습을 드러내지 않으니까요. 관심 쏟기는 우리 자신의 자발적 활동입니다. 자발적 활동과 관련된 모든 것이, 더 깊고 더 지속적인 기쁨을 우리에게 선사합니다. 예를 들어 TV를 시청할 때는 그 자발적 활동이 극도로 제한됩니다. 상당히 면밀하게 수행된 통계 연구에 따르면, TV를 많이 보는 사람은 책을 많이 보는 사람보다, 기쁜 마음으로 자신의 삶을 전망하는 경우가 훨씬 적다고 합니다.

가치 분별력을 흐리게 하는 두 가지 성격이 있습니다. 언뜻 보면 서로 반대인 것처럼 보이는 이 두 성격은 바로 '둔감함'과 '맹목적인 열정'입니다. 둔감함으로 가치를 분별하지 못한 예는 구약성서의 '에서 Esau 이야기'[2]에서 찾을 수 있습니다. 에서는 팥죽 한 그릇에 자신의 장자권을 야곱Jakob에게 팔아 버립니다. 어머니의 부추김을 받은 야곱은 교활하게도 배고픈 에서의 둔감함과 팥죽을 좋아하는 그의 취향을 적시에 이용합니다. 나중에야 에서도 자신이 속았음을 알아차리지만, 이용당한 그 순간에는 팥죽은 에서에게 손에 잡히는 구체적인 것으로, 장자권은 추상적이고 희미한 것으로 나타났습니다. 이처럼 둔감한 사람은 가치 서열을 지각하지 못합니다.

방식은 다르지만, 열정에 눈먼 사람도 역시 가치를 지각하지 못합니다. 성경의 다른 예[3]를 들어 보겠습니다. 다윗 왕은 결코 둔감한 사람이 아니었습니다. 하지만 밧세바에게 홀딱 반하면서 주체 못할 열정에 사로잡히게 되죠. 그 결과 십중팔구 죽을 수밖에 없는 전쟁터로 그녀의 남편을 보내 버립니다. 밧세바를 향한 사랑에 눈멀어 자신의 비열한 행위에 눈 감게 된 것입니다. 물론 우리는 열정에 힘입어 멀어 버린 눈을 뜨면서 특정한 가치 성질을 볼 수 있게 되기도 합니다. 다윗 왕의 예에서는 열정이 여성의 아름다움에 눈을 뜨게 해 준 것이죠. 열정 없는 삶은 진정 좋은 삶이라 할 수 없습니다. 불의를 보고도 분노할 줄 모르는 이는 본질적인 무언가를 결여하고 있는 사람입니다. 열정은 우리에게 가치 있는 것과 가치 없는 것을 드러내 보여 줍니다. 그런데 그 가치의 경중輕重을 혼동시키기도 합니다. 그래서 열정만을 추구하면 높은 가치와 멀어지고, 결국 이기적인 행위를 하게 됩니다. 사태를 있는 그대로 보지 못하고 자기 자신의 관점만 고집해서 보기 때문에 그렇습니다. '사랑이 죄인가요?'라는 유행가 가사가 있죠? 물론 사랑이 죄는 아닙니다. 인간의 가치와 아름다움을 볼 수 있게 해 주는 것이 사랑입니다. 그리고 사랑은 벼락처럼 찾아와 우리를 사로잡습니다. 그런데 밧세바의 아름다움은 다윗 왕만 볼 수 있는 것이 아니었습니다. 그녀의 남편인 우리아도 볼 수 있는 것이었죠. 또 우리아가 아니라 다윗 왕이 밧세바를 차지하게 된 까닭도, 우리아가 전쟁터에서 죽게 된 까닭도, 밧세바의 아름다움 때문이 아니라 다윗 왕이 우리아가 아닌 자신이 그녀를 차지해야겠다고 마음먹었기 때문이었습니다. 다윗 왕은 밧세바를 얻는 것이 우리아의 생명보다 더 중요하다고 생각한 것입니다. 이 모든 것이 밧세바의 아름다움에서만 비롯된 것은 아닙니다. 이 경우 열정이 핑계가 될 수는 없습니다. 경우에 따라서는 열정을 쏟을 때 나머지 일들은 무시할 수도 있지 않느냐고 할 수도 있겠죠. 하지만 이는 핑계일 뿐입니다. 인간이라면 이런 일들에 눈 감을 수 없습니다. 인간은 동물이 아니니까요. 인간은 일부러 눈을 감을 수도 있고, 보고도 못 본 척할 수도 있습니다. 그러나 이렇게 보지 못하는 책임은 결국 자신에게 있습니다. 법정 앞에서라면 더더욱 두말할 나위가 없죠.

가치 성질은 열정을 통해 드러날 수 있습니다. 하지만 열정이 가치 서열까지 보여 주지는 못합니다. 그래서 분노할 때는 곧바로 행동하지 말라고 충고하는 것입니다. 물론 정당한 분노도 있을 수 있고 불가피한 분노도 있을 수 있습니다. 분노는 우리가 불의에 둔감해지지 않게 하기도 하죠. 그렇다고 분노가 우리에게 무엇을 해야 할지까지 알려 주지는 않습니다. 분노하는 순간, 우리는 가치의 경중을 제대로 못보게 됩니다. 그리고 분노는 또 다른 불의를 낳습니다. 행위는 복잡다단하기 마련입니다. 그래서 그 결과도 다양합니다. 동정심 같은 것도 마찬가지입니다. 동정심이 생기면 우리는 타인의 고통에 대해 알게 됩니다. 하지만 동정심이 우리가 실제로 무엇을 해야 하는지까지 알려 주는 것은 아닙니다. 동정심에서 비롯된 행위라도 그것이 완전히 엉뚱한 것이라면, 고통을 겪는 사람에게 아무런 도움이 되지 못할 것입니다.

여기에 하나 덧붙일 것이 있다면, 열정은 생겼다가 사라지지만, 가치 성질 자체 ―열정을 동반한 가치 감각이 드러내 보여 주는― 는 항상 그 모습 그대로 존재한다는 것입니다. 열정만 가지고 행위하는 사람은 현실을 제대로 대하지 못합니다. 때로는 분노가 사그라진 후에도 불의에 맞서 수년간이나 계속 투쟁해야 하는 경우도 있습니다. 내 모든 관심을 사로잡은 분노의 열정이 깊고 차분한 마음 상태로 바뀌었을 때도 계속 싸워야 할 경우가 있다는 이야기입니다. 누군가가 불현듯 생겨난 동정심만으로 어려운 사람들을 도우려 한다면, 그는 머지않아 그 의지를 접게 될 것입니다. 왜냐하면, 오늘날 매체들은 매일 우리에게 비참함을 담은 영상을 쏟아붓고 있고, 그 와중에 우리 동정심의 총량은 빠르게 고갈되고 있기 때문입니다. 도움을 필요로 하는 사람들이 많다는 '인식'은, 동정심에 휩싸인 '열정'보다 더 오래 지속됩니다. 그래서 인식이 더 중요한 겁니다. 사랑도 마찬가지입니다. 열정적 사랑이라는 명목으로 자신이 저지른 죄를 정당화할 수도 있겠지만, 바로 그 열정 때문에 순식간에 그 사랑이 종말을 고할 수도 있습니다. 헨리 8세는 앤 불린Anne Boleyn을 사랑해서 자신의 아내를 죽였습니다. 하지만 이후 또 다른 여자를 사랑하면서 앤 역시 죽여 버렸습니다. 이 지점에서 드러나는 것은 사랑과 신의信義 사이의 연결고리입니다. 사랑은 처음에는 단순한 열정에서 시작하지만, 시간이 지나면서 상대편의 깊은 곳까지 닿게 되고, 그 과정에서 점점 자유를 잃는 것이 아니라 함께 누리는 자유로 승화한다는 진실, 사랑과 신의는 그 진실을 바탕으로 서로 연결됩니다. 그런 관계는 제멋대로의 운명에 휘둘리지 않습니다. 그래서 진정으로 사랑하는 사람들은, 사랑이 갑자기 찾아오듯이 또 갑자기 사라지지는 않을까 염려하지 않습니다. 그들은 이미 그런 일은 안 일어난다는 걸 알고 있으니까요. 그런 일은 일어나지 않습니다. 왜냐하면, 그들 자신이 그러기를 원하지 않기 때문입니다. 다시 말해서, 그 사랑이 그들의 자유 의지를 쥐고 있기 때문입니다. 아니 어쩌면 자유 의지가 그들의 사랑을 쥐고 있기 때문이라고 하는 것이 더 맞을지도 모르겠습니다. 열정이 하는 일은 우리로 하여금 가치와 대면하도록 하는 것입니다. 그러나 그뿐입니다. 가치에 맞닥뜨렸을 때 어떻게 적절하면서도 자유롭게 반응해야 할지에 대해, 열정은 아무 역할도 하지 못합니다.

주석

1   플라톤, 『고르기아스(*Gorgias*)』, 494c.

2   「창세기」, 25장, 34절.

3   「사무엘 하」, 11장.

4장   정의正義

나와 타인

앞 장에서는, 성공적인 삶에 가치감이 얼마나 중요한 역할을 하는지를 근본적 층위에서 살펴보았습니다. 그런데 이에 대한 반론도 있습니다. 그 반론을 세 가지로 추려 보면 다음과 같습니다. 첫째, 가치 통찰로는 갈등 극복과 합의 도출이 불가능하다. 누군가가 어떤 가치를 통찰했다손 치더라도 그 통찰 내용을 타인과 나눌 수 없다면 오히려 타인과의 갈등이 심화될 수 있다. 이 반론에 대해 우리는 이렇게 답합니다. 갈등 극복을 유일하면서도 최우선적인 윤리의 목적으로 내세우는 관점 자체가 이미, 특정한 가치 평가에서 비롯된 것입니다. 그런데 갈등 극복이라는 가치는 그 자체로 높게 평가할 수 있는 것은 아닙니다. 바흐와 바르톡Bartók, Béla, 알반 베르크Alban Berg 등이 불멸의 위대한 작품을 작곡했음은 부정할 수 없는 사실입니다. 설혹 매우 적은 사람만이 그 사실을 안다 해도 그렇습니다. 마찬가지로 양자 역학이 중요하고 가치 있음은 부정할 수 없는 사실입니다. 설혹 매우 적은 사람만이 그 가치와 중요성을 이해한다 해도 그렇습니다. 물론 가치 통찰은 갈등을 유발할 수 있습니다. 그러나 앞서 말한 바처럼, 가치 통찰이 없으면 갈등 극복 자체가 실제로 불가능합니다. 정해진 우선순위 없이 관심사가 바로바로 충돌만 해서는 합의 자체가 도출될 리 없으니까요.

두 번째 반론은 이렇습니다. 가치에 대해 말하는 순간, 반론의 여지를 허용하지 않는 독단에 빠진다. 과학적 언명을 단지 하나의 가설로만 이해하듯, 우리의 가치 평가도 경험에 따라 언제든 수정할 수 있는 가설적인 것으로 이해해야 한다. 이것이야말로 책임 있는 학문적 태도이다. 이 반론을 재반박해 보겠습니다. 경험에서 배운다는 건 무슨 의미일까요?

아마도 이렇게 행위하는 것보다 저렇게 행위하는 것이 특정 목적의 달성을 위해 더 적합하다는 것을 배운다는 의미일 겁니다. 그런데 그 목적 자체가 달성할 만한 가치가 있는지 여부를 평가하는 방법은 어떻게 배우죠? 우리는 자기 보존을 쉽게 해 주는 것이 무엇이고, 의사소통을 원활하게 해 주는 것이 무엇이며, 쾌락을 더 증진시켜 주는 것이 무엇인지 배울 수 있습니다. 그러나 이 각각의 목적은 모두, 이미 일종의 가치 평가를 전제하고 있습니다. 만약 누군가가 애초에 무엇인가를 —자기 보존이든 의사소통이든 쾌락 증진이든— 원하지 않았다면, 즉 애초부터 의미와 가치가 그에게 다가오지 않았다면, 그가 배워야 할 것은 아무것도 없을 겁니다. 따라서 가치 통찰은 가설적일 수 없습니다. 오히려 가치 통찰은 가설을 세우기 위한 필수 전제 조건입니다. 가치 통찰을 잘 판단해서 전해 주는 판관이 누구냐고 묻는다면 우리는 대답할 수 없습니다. 물론 단 하나의 판관이 존재하기는 합니다. 그러나 우리는 그 판관이 우리에게 더 새로우면서도 더 위대한, 그리고 더 심원한 가치 통찰을 전해 준 후에야 그 판관이 누군지 알 수 있습니다. 이런 것은 증거의 형태로 문득 재등장하는 것이지, 가설의 형태로 드러나는 것이 아닙니다. 낡은 것을 뛰어넘는 새로운 가치 통찰이 우월한 이유는, 이전의 통찰을 폐기할 수 있어서가 아닙니다. 더 폭넓은 맥락을 담아 이전의 통찰을 새로운 지위로 격상시킬 수 있어서입니다.

세 번째 반론은 다음과 같습니다. 가치감 문제는 결국 언어 혹은 언어 분석의 문제일 뿐이다. 즉, 가치와 관련된 특정 어휘가 존재할 뿐이고, 우리가 그저 이 어휘에 얽매여 있는 것이다. 사실 제게는, 이런 반론이 과연 가능한 것인지, 그 자체가 의문입니다. 의미를 분석하려면 그 어휘가 의미를 띠어야 합니다. 사실 우리는 언어를 통해 질적 구분을 합니다. 예를 들어 다양한 맛의 성질을 가리키는 단어, 즉 맛의 여러 성질에 각각 상응하는 단어가 없다면, 우리는 맛의 질적 구분에 어려움을 겪을 것입니다. 우리가 어떤 성질을 경험할 때, 언어는 그 경험을 세세하게 구별할 수 있게 해 줍니다. 그러고 나면 우리는 다시 그

언어로 그 성질을 한층 더 섬세하게 경험하게 되죠. 물론 그 성질을 경험하는 것과 그 성질을 정확하게 표현하는 것은 별개입니다. 와인 전문가는 한 잔의 와인만 마셔도 서로 구별되는 다양한 쾌감을 얻습니다. 그리고 이런 쾌감은 맛을 표현하는 다양한 어휘와 밀접히 관련되어 있죠. 그러나 쾌감 그 자체는 그 관련 어휘를 어떻게 사용하는가와 아무런 상관이 없습니다. 모든 가치 술어가 다 그렇습니다. 심지어 '좋다'라는 단어도 마찬가지입니다. 이 단어의 의미를 이해하는지의 여부는 궁극적으로, 사람의 행위가 그 단어가 지시하는 것에서 비롯된 것인지 아닌지에 달려 있습니다. 소크라테스는, "'좋음'이라는 말의 의미를 알아도 그 앎을 실천으로 옮기지 않으면, 그것은 진정으로 아는 것이 아니다"[1]라고 말합니다. 이 가르침 역시 같은 취지입니다.

앞 장에서, 올바르게 살려면 현실을 제대로 대해야 한다고 말했죠? 그 말은 먼저 자신의 관심사를 객관화하고 나서 현실 속 가치 내용에 따라 관심사를 재정립해야 한다는 것을 의미합니다. 그리고 2장에서 살펴본 바와 같이, 사람 만들기(양육)는 인간으로 하여금 순간의 유혹에서 벗어나 자신이 진정으로 원하는 것을 하도록 하는 것입니다. 그렇게 인간은 '그저 사는' 것이 아니라 자신의 삶을 주체적으로 이끌며 사는 법을 배우게 됩니다. 한편 교양 교육의 역할은 현실 속 가치 내용을 드러내어 다양한 객관적 관심사를 발전시키는 것입니다. 객관화 과정 없이는, 다시 말해서 보편적 기준에 맞추지 않고서는, 우리는 관심사와 욕구를 서로 비교할 수 없습니다. 객관화는 우리 자신과 타인 사이에서 벌어지는 관심사의 경쟁구도를 우리가 제대로 이해하는 유일한 방법입니다.

그런데 올바르면서도 성공적인 삶을 위해서는 하나의 요소가 더 필요합니다. 우리가 제대로 대해야 하는 현실 가운데 무엇보다 중요한 것, 바로 타인이라는 존재에 대한 고려가 그것입니다. 타인 없이 인간이라는 존재는 있을 수 없습니다. 언어와 사유 그리고 감정, 이 모두는 오로지 의사소통을 통해서만 발달합니다. 그리고 현실은 나와 타인을 이어 주는 언어를 통해서만 풍성해질 수 있습니다. 똑바로 걷기와 같은 사소한 것조차도 우리는 타인을 모방하면서 배웁니다. 우리는 자신의 행위와 그 행위의 의미를 일정 정도는 타인에게 납득시켜야 합니다. 그렇지 않으면 삶을 살아갈 수 없습니다. 여기서 납득이란 비단 이론적으로 설명할 수 있는 것을 의미하는 것이 아닙니다. 동의를 얻을 만한 것, 즉 정당화될 만한 것이라는 의미입니다. 다시 말해서, 우리 행위에 영향을 받는 사람들로부터 정당성을 얻을 만한 것이라는 의미입니다. 이런 정당화의 기준에 우리 행위를 맞추려는 의지, 그것을 우리는 정의라고 부릅니다.

물론 우리는 정의로운 상태나 정의로운 분배를 이야기합니다. 하지만 정의는 다 떠나서 하나의 덕입니다. 즉 인간이 생각하고 행위하는 방식입니다. 정의는 언제 어디서나, 그리고 누구나 지켜야 하는 것입니다. 정의를 지키라는 말은 나의 공감, 욕구, 선호 그리고 관심사를 상대화하라는 말에 다름 아니기 때문입니다. 내 관심사를 잘 반영했다는 것만으로 내 행위가 정당화될 수는 없습니다. 그 행위로 인해 타인의 관심사가 영향을 받을 수 있으니까요. 물론 내 관심사가 타인의 것보다 우선할 때도 있습니다. 그러나 그 관심사 자체가 더 중요한 것이어서 그런 것이지, 나의 관심사여서 그런 것이 아닙니다. 만약 다른 이의 관심사가 더 중요한 것이었다면 당연히 그의 것이 우선시되었을 것입니다. 관심사가 충돌할 때, 누구의 관심사인지가 아닌 어떤 관심사인지에 주의를 기울이는 사람, 그런 사람을 우리는 정의로운 사람이라고 일컫습니다. 관심사의 경중輕重을 따질 때, 우리는 내 것이 실제보다 더 크고 중요하다고 생각하는 자기기만에 빠지기 쉽습니다. 그래서 자기기만에 빠지려는 그 순간, 공평무사한 권위에 흔쾌히 자신을 맡기는 것도 정의에 속하는 겁니다. 이를테면 국가법이나 공공 사법 시스템 같은 것에 흔쾌히 복종하는 것도 정의의 한 부분이라는 얘기죠.

모든 정의는 한정된 재화를 어떻게 분배할 것인가, 또는 어떻게 요구할 것인가의 문제로 나타납니다. 재화가 남아돌면, 분배를 어떻게 하든 문제 될 것이 없을 겁니다. 정의의 기준도 필요하지 않을 테고요. 사실, 마르크스가 그린 독특한 미래, 그 청사진은 정의에 관한 것이 아니었습니다. 오히려 정의를 더 이상 필요로 하지 않는 조건, 즉 모든 사람이 재화가 필요하면 바로 취할 수 있을 만큼 풍요로운 상태 —보편적 무상 이용 상태— 를 만드는 것이었습니다. 또 아주 적은 노동 시간으로도 잉여 생산이 가능하기 때문에, 그 분배에도 정의의 기준은 필요치 않습니다. 이런 상태를 공산주의라고 합니다. 공산주의의 원칙은 '각자의 필요에 따라'입니다.

그럼에도 이 이상적 상태를 향하는 길은 전적으로 효율성의 지배하에 있습니다. 그것이 마르크스의 주장입니다. 그래서 그 과정에서 적용될 수 있는 유일한 표준은 성과 원리입니다. 즉, '각자의 능력에 따라, 각자의 성과에 따라'입니다. 정의의 관점에서 이 성과 원리를 살펴보기 전에 우리는 먼저 정의의 의미를 좀 더 면밀하게 이해할 필요가 있습니다. 정의는 인간관계에서의 근본적 형평衡平 상태를 인정하는 것을 말합니다. 특히나 제한된 재화의 분배가 필요한 곳에서 그렇습니다. 그런데 이러한 형평 상태는 단순히 만인이 평등할 때가 아니라 오히려 정당화를 동반한 비형평 상태일 때 이루어집니다. 그리고 이 정당화가 이루어지기 위해서는, 공정한 판단에의 의지가 있으면 누구나 이 비형평 상태에 동의해야 한다는 조건이 필요합니다. 누군가가 정당화될 수 없는 차별을 받는다면, 예를 들어 유대인이나 흑인이어서, 혹은 대지주大地主의 아들이어서 그저 한 사람의 시민이라면 받지 않을 불이익을 받는다면, 이 근본적 형평 상태는 깨질 것입니다. 이런 형평 상태 없이 정의는 존재할 수 없습니다. 흔히 말하는, 모든 이가 동일한 것을 얻고 동일한 것을 해야 한다는 정의는 정의가 아닙니다. 정의의 의미는, 어떤 책임이든 어떤 보상이든, 그 분배의 기준이 특정 개인이나 집단에 유리하도록 미리 설정되어서도, 특정 개인에게 유리하거나 불리하게 적용되도록 조작되어서도 안된다는 것입니다. 그래서 정의의 여신이 눈가리개로 자신의 눈을 가린 형상을 하고 있는 것입니다. 언제나 정의는 공평무사함의 의미를 띱니다.

그렇다고 우리가 언제 어디서나 공평무사할 필요는 없습니다. 우리 행위를 정의의 기준에 모두 맞출 수는 없으니까요. 아리스토텔레스는 정의가 필요한 사람들 사이의 행위를, 두 유형으로 한정 지었습니다. 재화의 '교환', 그리고 공권력에 의한 책임과 보상의 '분배'가 그것입니다.[2]

아리스토텔레스는 교환 정의를 위해서는, 반드시 교환 품목의 등가성, 즉 공정가가 정해져야 한다고 말합니다. 그러나 교환 품목의 가치는 교환하는 사람들의 평가에 따라 크게 달라지기 마련입니다. 또 해당 재화의 희소성에 따라서도 달라지죠. 수요 공급 법칙에 따라 시장이 재화의 가격을 결정한다는 것도 잘 알려진 사실입니다. 경매에서 최고 입찰가를 써낸 이가, 스스로 정한 가격으로 물품을 구매하는 데 무슨 부정의가 있나요? 그래서 오늘날에는 교환 정의에 관한 물음이 다음과 같이 바뀔 수밖에 없습니다. '왜 터무니없이 높은 가격을 지불하고자 하는 사람이 나타나는가? 누군가가 자신의 전 재산을 바치면서 높은 가격을 지불하고자 할 때, 자신이 간절히 원하는 골동품을 사기 위해 그러는 것인가, 아니면 사막에서 죽을 만큼 목이 말라 한 잔의 물을 사기 위해 그러는 것인가?' 후자의 경우, 구매자와 판매자 사이에는 근본적인 비형평이 존재합니다. 그리고 이때 최고가를 요구한다면 이는 노골적으로 부정의한 짓을 저지르는 것입니다. 우리는 이런 것을 두고 고리대금업이라 부르죠. 타인의 곤경을 악용하거나, 시장을 독점하여 제멋대로 가격을 정할 수 있는 위치를 악용하거나, 또는 구매자나 판매자의 무지함을 악용할 때, 부정의가 일어납니다. 그래서 국가를 향해 정의를 호소하는 것입니다. 이러한 비형평에 맞서야 하니까요. 사사로운 개인이 교환 정의의 미덕을 갖춰야 하는 상황은 오로지, 비형평이 너무 심해 물품의 교환 가치를 결정할 수 있는 힘을 독점할 수 있을 때뿐입니다.

정의는 힘 있는 자들의 덕입니다. 강자의 덕이죠. 약자는 '형평성에 관심을 기울이는 덕'을 필요로 하지 않습니다. 태생적으로 그들이 관심을 기울이는 대상은 '형평성 자체'입니다. 형평이 이루어지면 자신의 처지가 나아지게끔 되어 있으니까요. 그러나 약자인 그들이 형평을 만들어 낼 수는 없습니다. 사실, 완벽하게 돌아가는 자유 시장에서처럼 평등이 지배하는 곳에서 모든 이가 능력대로 원하는 것을 얻으면 정의가 훼손될 리 없습니다. 그런데 힘 있는 자들에게는 이익과 관련된 기준뿐 아니라, 또 하나의 다른 기준도 소유할 수 있는 특권이 있습니다. 그 것은 바로, 스스로 분배할 수 있는 특권입니다. 누군가가 자기 소유의 스트라디바리우스 바이올린을 경매에 부쳤다고 가정해 봅시다. 그는 꼭 최고가 입찰자에게 바이올린을 넘겨야 할 만큼 쪼들리는 사람은 아닙니다. 즉 그는 특권적 위치에 있는 사람입니다. 그가 만약 부유한 수집가가 아니라, 탁월한 바이올리니스트이지만 최고 입찰가의 절반 정도밖에 지불할 능력이 없는, 그러나 그 바이올린을 너무나 잘 다룰 솜씨를 지닌 바이올리니스트에게 자신의 바이올린을 안겨 준다면, 그의 행위는 정의로운 것이라 할 만합니다.

정의는 무엇보다도, 한정적인 재화가 한 나라의

현 제도하의 사회적 관계 속에서 어떻게 분배되는가의 견지에서 살펴보아야 합니다. 정의가 이러한 관계를 만들어 내는 것은 아닙니다. 누군가에게 충성을 맹세할 의무를 지닌 이는 존재하지 않습니다. 하지만 누군가가 충성을 맹세했다면, 그는 자신이 충성을 바치는 대상에게 충성을 기대할 권리를 부여하게 됩니다. 어떤 나라도 해당국의 시민이 되기 위해 어떤 조치와 기준이 필요한지 설명해 달라는 외국인의 요구를 들어줄 필요는 없습니다. 하지만 시민으로서의 자격을 부여받을 만한 합법적인 근거가 있고 특별한 과오도 없는 시민이 모국에서 추방당하지 않을 것을 요구한다면, 그 요구는 무조건 들어주어야 합니다. 그럼에도 만인은 만인에 대해 근원적인 정의의 의무를 어느 정도는 짊어집니다. 우리 모두가 인류에 속한다는 단순한 이유에서 그렇습니다.

'인류'라고 불리는 집단은 처음에는 매우 추상적인, 그저 유사한 존재로 구성된 종적 단위에 불과한 것이었습니다. 그러나 오늘날의 세계에는 상이한 인간 집단들 사이에 실질적인 관계망이 존재합니다.

특히 경제적 측면에서 그러합니다. 이런 관계망이 형평 상태에 가까웠다면 정의의 문제는 발생하지 않았을 것입니다. 하지만 이 체계 안, 특히 세계 시장에는 실제로 힘을 행사할 수 있는 지위가 존재합니다. 산업 국가나 석유 수출 국가 등이 그런 지위를 지니고 있죠. 정의는 이런 지위를 소유한 국가에 호소해야 하는 것입니다. 실제로 그들은 단순히 교환 파트너가 아니라 분배자입니다. 따라서 그들에게는 반드시 분배 정의를 요구해야 합니다.

그게 다가 아닙니다. 힘의 불균형은 항상 존재하고, 그래서 정의라는 덕도 항상 필요하지만, 정의는 때때로 자신을 쓸모없게 만드는 방식으로 작동하기도 합니다. 한 인간이 타인의 정의로움 여부에 전적으로 의존하게 되면, 이는 결국 타인에게 휘둘리는 꼴이 됩니다. 형평의 조건이 근본적으로 흔들리는 것이죠. 따라서 진정 정의로운 상태에 이르려면 힘의 통제와 분립이 이루어져야 합니다. 그래서 법적 제도를 통해, 힘 있는 자들이 자신의 힘이 제한되는 상황을 기꺼이 받아들이도록 해야 합니다.

지금 우리가 분배 정의란 정확하게 무엇인가라고 묻는다면, 그 대답은 얼핏 별 내용이 없는 매우 형식적인 것으로 보이기 쉽습니다. 신자유주의자들이 분배 정의 같은 것은 애초부터 존재하지 않는다고 종종 주장하는 이유가 바로 이것이죠. 분배를 가능하게 하는 실질적 요소는 너무나 다양하고, 그래서 분배를 둘러싸고는 말이 많기 마련입니다. 중요한 점은 이런 다툼이 법적 제도하에서 이루어져야 한다는 것, 그리고 모든 해법은 다시 수정될 가능성을 열어둔 개방적인 것이어야 한다는 것입니다. 전체주의 국가의 분배에 대한 관점은 그 수정이 매우 어렵습니다. 그러다 보니 특권 계층의 특권을 수단과 방법을 안 가리고 보호하죠. 신자유주의는 그렇게 고착화된 특권을 비판합니다. 그리고 분배 문제에 관한 논의는 항상 열려 있어야 한다고 주장하죠. 신자유주의자들이 정의의 존립 자체를 부정하고 있는 것은 사실입니다. 그러나 그들은 분배 문제와 관련된 특정 해법, 이를테면 특정 기층민의 정치적 약점을 악용하고 억압하는 해법 같은 것은 부정의하다고 생각합니다. 분배 문제에는 다툼의 여지가 있을 수밖에 없다고 말하면, 누군가는 이렇게 반문할 것입니다. 그 다툼이라는 게 도대체 무엇인가? 그 다툼은 누군가가 "나는 이만큼을 원해"라고 말하고 또 상대편이 "아니야 내가 이만큼을 원해"라고 말하는 그런 것이 아닌가라고 말이죠. 하지만 그렇지 않습니다. 양자는 각각 자신의 입장을 정당화하면서 자신의 견해를 말이 되는 방식으로 표출합니다. 그리고 무엇이 합리적인지를 논합니다. 이렇듯 논쟁은 실제로 정의란 무엇인가를 알게 하는 본질적 수단입니다.

민사 소송에서는 먼저 피고와 원고 양측 변호사가 공정한 판결을 구하며 상반된 의견을 제출합니다. 일방적 관점에 따른 일방적 주장을 하는 것이죠. 그런데 바로 그 일방성에 힘입어 종국에는 판사가 모든 관련 요점을 파악하게 됩니다. 그리고 이를 토대로 각 주장을 공평무사하게 평가하면 정의로운 판단이 내려지게 되죠. 여기서 한번 더 질문을 던지겠습니다. 무엇이 분배를 바라보는 적절한 시각일까요? 이에 대해서는 두 가지 극단적인 답변이 가능합니다. 첫 번째 극단적 답변은, 분배는 실제적으로 작용하는 힘의 측면, 즉 강자의 권리 측면에서 바라봐야 한다는 것입니다. 두 번째 극단적 답변은, 분배는 다양한 관점에서 바라볼 수 있으며 정의에 이르려면 단지 각각의 표준을 적용할 때의 공평무사함만 확보하면 된다고 보는 것입니다.

먼저 강자의 권리로 보는 답변에 대해 이야기해봅시다. 이는 기원전 5세기 아테네에서 이미 이론으로서만이 아니라 실천적으로도 정식화된 것입니다. 당시 소피스트 정치학 교사들은 정의란 강자의 이익을 대변하는 것이라고 가르쳤습니다. 이에 대해 플라톤은 되묻습니다. "강자들에게 이익이 되는 것이 정의인가, 아니면 그들이 이익이 된다고 생각하는 것이 정의인가?"라고 말이죠. 그리고 또 묻습니다. "인간에게 실제로 이익이 되는 것은 무엇인가?"[3] 이에 답을 하려면 인간이 어떤 존재인지를 먼저 알아야 합니다. 강자라 해도 배가 꽉 찼는데 더 먹을 수는 없습니다. 그에게 진정 이익이 되는 것은 어쩌면 자신의 인간성을 고양시키는 것일는지도 모릅니다. 현실을 제대로 대하고 그 속에서 가치를 찾아 사랑하는 법을 배우면서 말이죠. 이렇게 되면 강자의 권리란 자신의 이해관계를 초월하는 권리와 능력을 말하는 것에 다름 아닐 것입니다. 물론 약자는 가질 수 없는 것이기는 하죠. 정의는 권력자의 덕입니다. 모든 동물 세계에서 강자는 자신의 힘을 한편으로는 자신의 권위를 공고히 하는 데 사용하지만, 다른 한편으로는 적대적 환경에 맞서 자기 무리 속 약자를 보호하고 그 무리의 이익을 지키는 데 사용합니다. 인간 사회도 마찬가지입니다. 강자가 권력을 소유하는 것은 어쩔 수 없는 일입니다. 그들이 더 강하지도, 더 운이 좋지도, 더 똑똑하지도, 더 수완이 좋지도, 더 말을 잘하지도 않았다면 어떻게 권력을 잡았겠습니까? 이런 관점에서 보면 강자의 권리 운운은 하찮은 것이 될 것입니다. 요점은 권력을 얻어 강자임이 확인된 이가 이 권력을 어떻게 사용하는지입니다. 그가 객관적 가치 서열을 따르는지, 아니면 그저 자신의 주관적 이해관계에 따르는지 말입니다.

다음은 두 번째 극단적 답변입니다. 분배 기준은

임의적이고, 따라서 그저 정의는 그 기준이 주관적 이해관계에 따라 좌지우지되지 않고 보편적으로 적용되는 것을 의미할 뿐이라는 것이 그것입니다. 이 답변도 어느 정도 타당한 면이 있습니다. 이 답변에 의거하면, 티베트인들이 특별한 징표(특정 모양의 점)와 함께 태어나는 아이를 달라이 라마로 선택할 때, 이 절차 자체가 아예 부정의하다고 말하는 것은 잘못일 겁니다. 영적, 세속적인 힘을 지닌 존재를 신성한 힘이 이 징표를 통해 지시한다는 보편적으로 공유된 믿음이 있다면, 그 믿음의 진실성에 대해서는 왈가왈부할 수 있지만, 그 선택 기준의 정당성에 대해서는 뭐라 할 수 없다는 이야기죠. 부정의가 발생하는 유일한 경우는, 간택의 책임을 진 승려가 별다른 징표가 없는데도 특정 가문의 아이라는 이유로 달라이 라마로 추대할 때뿐입니다. 이런 주장에 따르면 정의는 실제로 공평무사함과 다를 바 없는 것이 됩니다.

그럼에도 계몽된 문명사회 —사실 대부분의 문명사회— 에서는 적절한 분배 기준과 부적절한 분배 기준의 구별이 가능합니다. 누가 의대에 가야 할까요? 부모의 재력이나 정부 고위층인 아버지 혹은 국가 유소년 조직에서의 정치 활동 등이 적절한 기준이 될 수 없음은 분명합니다. 고등학교 졸업장도 마찬가지죠. 그래서 요즘엔 적성 검사가 물망에 오르고 있습니다. 또 필요한 만큼의 지력을 갖추었다면, 병원 간호사 경력도 하나의 적절한 기준이 될 수 있을 것입니다. 복권에 당첨되었다는 것이 부정의하다고 할 수 없다면, 부모 중 누군가가 의사라는 사실도 경우에 따라 부가적인 기준 요소가 될 수 있을는지 모릅니다. 적절한 관점들은 종종 서로 경쟁하기 때문에 이들을 일목요연하게 서열 매기기는 쉽지 않습니다. 이를테면, 아동에게 보조금을 지급할 것인지, 아니면 아이를 가지면 세금을 공제해 줄 것인지에 대한 논쟁을 살펴봅시다. 보조금을 지급하자는 쪽의 논리는, 세금 공제로 실제로 큰 이득을 보는 사람은 오히려 세금을 많이 내는 부유한 사람들이라는 겁니다. 그런데 모든 아이는 똑같이 소중하고, 아이를 키울 때는 부자들보다 가난한 사람들이 더 절실하게 돈이 필요하다는 것이죠. 세금을 공제해 주자는 쪽의 논리는, 부자들이 가난한 사람들보다 절대적 금액으로든 비율로든 세금을 훨씬 더 많이 내므로, 아동 면세로 인한 부자들의 이익은 혜택이라기보다는 일종의 부담 경감이라는 것입니다. 그리고 부자의 아이들은 자기 가족의 통상적인 생활수준을 따를 수밖에 없기 때문에 그만큼 키우는 데 비용도 더 많이 들어간다는 것이죠. 세금 공제 방식을 따르지 않으면 사실상 정부가 부유한 사람들에게 불합리하게 생활수준을 낮추라고 강요하는 셈이 될 것이고, 그러면 이는 그들의 자녀를 해롭게 할 것이라는 얘기입니다. 여기서 이 두 관점 중 어떤 것이 더 바람직한지를 논의하지는 않겠습니다. 단지 이런 식으로 평등에 관한 상이한 원칙이 서로 경쟁한다는 점만 짚고 넘어가겠습니다.

고대 철학자들도 일찍이 이런 원칙의 경쟁에 대해 알고 있었습니다. 그리고 비례적 평등과 산술적 평등에 대해 이야기했죠. 산술적 평등이란 모든 이가 동일한 것을 얻는 것입니다. 성과가 동일하면 보상도 동일하다는 의미가 아니라, 성과와 무관하게 보상은 동일하다는, 즉 자격 여부와 상관없이 모든 사람이 동일하게 공직을 차지할 기회를 보장받는다는 의미입니다. 이런 방식이 정의롭지 못하다는 건 쉽게 알 수 있는 일입니다. 고된 의학 공부를 통해서가 아니라 모든 사람이 참여하는 추첨으로 의사를 뽑는 나라에서 살고 싶은 사람은 없을 테니까요.

이와 상반되는 원칙이 비례적 평등입니다. 마르크스는 이를 '각자의 능력에 따라, 각자의 성과에 따라'라는 정식으로 표현합니다. '각자에게 자신의 몫을'을 표방한 이 원칙은 '모두에게 똑같이'라는 원칙보다는 어느 정도 정의에 더 가깝지만, 여전히 만족스럽지 못합니다. 무엇보다 '성과를 어떻게 평가해야 하는가'라는 문제가 여전히 남기 때문입니다. 그 평가의 기준을 투자한 노력의 양으로 삼아야 할까요? 아니면 그 성과를 이룰 때 감수해야 할 불편함으로? 그도 아니면 필수 자격 요건에 따라? 혹은 그 밖의 다른 기준으로? 또 높은 가치의 성과를 낼 수 있는 자격을 갖추려면, 어느 정도 운을 타고나야 한다는 것도 부정할 수 없는 사실입니다. 어떤 사람은 불운하게도 신체적, 혹은 정신적 장애를 안고 태어납니다. 아무래도 성과를 내기 어렵죠. 그런 까닭에 플라톤은 오직 신만이 비례적 정의를 실현할 수 있다고 한 것입니다. 개별 인간과 그들의 성과를 절대적으로 가치 매길 수 있는 존재는 신밖에 없기 때문이죠. 인간이 할 수 있는 일은 그저 다양한 산술적 평등을 고려하면서 경쟁 기준을 계속 다듬어 나가는 것뿐입니다. 그러지 않으면 정의는 쉽사리 부정의로 뒤바뀝니다. 성과주의 일변도의 사회는, 성과를 보상받지 못해도 외면하고 내버려두는 사회 못지않게 부정의합니다.

산술적 평등과 성과 기반 비례성 말고도 정의로운 사회에서 드러나는 또 하나의 비례치가 있습니다. 인간의 결핍(필요)에 따른 비례치가 그것입니다. 이 원칙은 그리스도교를 통해 세상에 처음 소개된 것으로, 자력(自力)으로 살 수 없는 사람에게는 그 결핍을 충족하기 위한 도움을 주어야 한다는 것입니다. 이 원칙에 따르면 설혹 다수에게 그 비용을 감당하라고 요구해도 부정의한 것이 아닙니다. 이 원칙은 모두가 풍요를 누리는 미래의 이상 사회가 아니라 바로 지금 여기에 적용되어야 하는 것입니다. 이 비례치는 우리가 이웃 사랑이라고 부르는 것과도 관련이 있습니다. 이웃 사랑이라는 덕은 일정 정도 우리의 정의 개념에 속합니다. 선한 사마리아인이 자신의 비용을 들여 중상을 입은 이를 여인숙에서 돌본 행위[4]는 분명 정의로움을 넘어선 것입니다. 그러나 독일의 현 형법에 따르면, 그 사람을 보고도 그냥 지나친 사제와 레위인은 방관 혐의로 기소됩니다. 이는 하나의 진보입니다.

주석

1   플라톤,『프로타고라스(Protagoras)』, 352c-d, 361b 참조.

2   아리스토텔레스,『니코마코스 윤리학』, 5권, 5장 참조.

3   플라톤,『국가(Politeia)』1권 중반부터 끝까지. 특히 338c-343a 참조.

4   「누가복음」, 10장, 25-42절.

5장　　　　　　　　심정과 책임

목적은 수단을
정당화하는가?

타인을 올바르게 대한다는 것은 무엇인가, 우리가
앞 장에서 던진 질문입니다. 하지만 아직 대답에 이
르지는 못했습니다. 일단 그 첫 번째 조건, '정의'에
대해서만 논했을 뿐입니다. 우리는 정의를 이렇게
이해했습니다. 한정된 자원의 분배를 둘러싼 다툼과
관련해서, 자기 자신을 맨 앞에 두지도 않고, 자신이
사적으로 선호하거나 동조하는 방향을 따르지도 않
겠다는 의지를 지닐 뿐 아니라, 실제로 그렇게 할 수
도 있는 사람이 생각하고 행동하는 방식이라고 말이
죠. 한편으로 이런 사람은 다투는 양쪽 모두에게 정
당하게 적용될 수 있는 표준적 잣대를 기꺼이 수용

할 준비가 되어 있는 사람이기도 합니다. 이런 것이 가능하려면 분배상의 불평등이 정당화 과정을 거쳐야만 합니다. 그리고 분배상의 불평등이 그 분배 대상의 특성에 따라 비례적으로 이루어져야만 합니다. 결코 특정 개인이나 집단을 차별하는 불평등, 그 차별하는 사람 자신이 역으로 차별의 대상이 된다면 결코 참지 않을, 그런 차별에 기초한 불평등이어서는 안 됩니다. 정의의 의미는 모든 사람이 그 자체로 존중받을 자격이 있음을 인정하는 것, 그 이상이 아닙니다.

하지만 정의만으로는 타인을 올바르게 대하기에 부족합니다. 한 정부가 정부 관료를 포함한 모든 이에게 장미 향기 맡는 것을 금지했다 칩시다. 이를 두고 부정의하다고 할 수는 없습니다. 어쨌거나 사람을 차별하는 것은 아니니까요. 그럼에도 이런 금지 조치는 터무니없는 것입니다. 정의를 뛰어넘는 무언가가 필요하다는 것을 보여 주는 아주 좋은 예가 있습니다. 솔로몬 왕의 판결[1]이 그것입니다. 두 여인이 한 아이를 두고 서로 자신의 아이라고 솔로몬 앞에서 다툽니다. 누가 진짜 엄마인지 판단하기 어려운 상황에 놓이자, 솔로몬은 아이를 반으로 갈라 두 여인에게 각각 나눠 주라고 명합니다. 그러자 한 여인이 이 판결에 손사래를 치면서 차라리 아이를 다른 여인에게 넘겨주라고 말합니다. 이에 솔로몬은 이 여인을 진짜 엄마로 판결합니다. 아이를 진정으로 사랑하는 이가 진짜 엄마일 테니까요. 이 옛이야기에서는 이 아이 자체가 이미 정의의 대상이라는 점을 간과하고 있습니다. 그저 두 여인 사이의 정의만을 고려하고 있죠. 이에 적용될 만한 보편 원칙은 이렇습니다. 어떤 재화를 공정하게 분배할 수 없다면, 그 재화를 적당한 기준에 따라 어느 쪽으로든 양도해야 하지, 그냥 파괴해 버리면 그것은 비도덕적입니다. 적당한 기준이 없다면, 제비뽑기를 하거나 기존에 그 재화를 소유한 사람의 권리를 인정하는 한이 있더라도 말입니다.

타인과 실재를 올바르게 대하려면 정의만으로는 안 됩니다. 앎과 사랑이 필요합니다. 인간이 어떤 존재인지도 모르고 인간에게 무엇이 좋은지도 모를 때, 우리는 그릇되게 행위합니다. 자식에게 달콤한 사탕을 먹이거나 TV를 자주 보여 주는 부모도, 나름의 방식으로 자식을 사랑하는 부모일 수 있습니다. 그러나 그 부모는 자기 자식을 해칠 의도를 가진 사람이나 할 짓을 하고 있는 것입니다. 앎도 사랑과 결합되어야 최선의 앎이 됩니다. 타인을 해하려는 사람이 앎을 지니면, 그 앎은 독이 됩니다. 그리고 많이 알면 알수록 그 해악도 커집니다. 여기서 말하는 사랑은 동정심 같은 것이 아닙니다. 동정심은 우리의 의지와는 상관없이 일어나는 것입니다. 여기서 말하는 사랑은 선의善意, 즉 타인에게 좋은 것을 해 주고자 하는 우리의 의지입니다. 이 선의는 비단 사람뿐 아니라 살아 있는 생명체 모두를 향해 있는 것입니다. 동물에게 불필요한 고통을 주는 것은 동물을 올바르게 대하는 것이 아닙니다. 자기 자신에게 스스로 고통을 주려는 의지를 가진 사람은 없겠죠. 그래서 어떤 존재에게도 의지를 가지고 고통을 주려 해서는 안 되는 겁니다. 이것이 고통의 본질입니다.

이제 또 다른 의문이 생깁니다. 그렇다면 현실, 특

히 타인이라는 현실을 올바르게 대하기 위해 반드시 갖춰야 하는 것은 무엇일까요? 좋은 삶을 위해 선의가 반드시 필요하다면, 선의를 갖기 위해 반드시 필요한 것은 또 무엇일까요? 우리 행위가 정의의 범위를 벗어나도 여전히 좋은 것이 되려면 어떤 표준을 준수해야 하는 걸까요? 여기에 이제 우리가 다루게 될 유서 깊은 철학 논쟁이 등장합니다. 위대한 사회학자였던 막스 베버는 이 논쟁의 양편은 결코 화해할 수 없다고 생각했습니다. 그리고 그 양편을 '심정 윤리'[2]와 '책임 윤리'라는 개념으로 나누었습니다.

베버에 따르면, 책임 윤리란 예상되는 행위 결과 일체를 고려하는 사람의 태도를 바탕으로 합니다. 그 사람은 현실 가치를 전체적으로 조망하면서 어떤 행위가 최선인지를 묻습니다. 그리고 그에 따라 행위합니다. 설령 이 행위만 따로 떼어 놓고 보면 잘못된 것이라 해도 전체적인 견지에서 옳다면 그렇게 행위합니다. 베버의 예를 빌리면, 환자가 진실을 받아들이기 어려울까 봐 환자의 상태에 대해 거짓말을 하는 의사, 또는 전쟁 억지력을 키움으로써 전쟁 가능성을 줄이려는, 그래서 오히려 군사력을 강화하면서 언제든 전쟁을 치를 태세를 갖추는 정치가, 이런 사람들이 책임 윤리에 따라 행위하는 사람들이죠.

반면에, 어떤 상황에서도 살인을 거부하는 평화주의자, 설령 그 평화주의 때문에 전쟁의 위험이 확산된다 해도 신념을 굽히지 않는 평화주의자가 있다면, 그는 심정 윤리에 따라 행위하는 사람입니다. 그는 모든 사람이 평화주의자라면 전쟁은 있을 수 없다고, 그래서 자신부터라도 평화를 향한 첫발을 내디뎌야 한다고 힘주어 말합니다. 누군가가 그를 향해, 평화주의는 보편적인 것이 될 수 없다고, 오히려 자신의 입지를 약화시켜 잠재적 적들을 도발하게 될 것이라고 비판하면, 그는 그것은 자신의 잘못이 아니라고 대꾸합니다. 그리고 만약 죽고 죽이는 일이 발생한다면 자신은 어느 편에도 가담하지 않는 최소한의 행위만을 하겠다고 말합니다.

베버가 보기에, 심정 윤리와 책임 윤리는 궁극적으로 화해할 수 없는, 합리적 논쟁이 불가능한 양극단의 입장입니다. 그는 책임 윤리를 정치가의 윤리로, 심정 윤리를 성인^{聖人}의 윤리로 설명합니다. 그런데 그의 설명과 달리, 훌륭한 정치가이기도 한 성인이 역사상 존재하기는 했습니다. 물론 매우 드물기는 했지만 말이죠.

오늘날의 윤리학에서, 위 구분은 종종 의무론적 도덕과 목적론적 도덕이라는 개념으로 바뀌어 논의되기도 합니다. '의무론적' 도덕은, 결과와는 상관없이 좋은 행위와 나쁜 행위는 도덕 주체의 내면에 의해 결정된다고 보는 윤리 체계를 통칭합니다. 반면 '목적론적' 도덕은 행위의 도덕적 가치는 행위의 결과를 총체적으로 계산해서 산출된다고 보는 윤리 체계를 통칭합니다. 목적론적 도덕이나 책임 윤리는 '공리주의'라는 이름으로도 불립니다.

그런데 심정 윤리 대 책임 윤리, 의무론 대 공리주의의 구도로 문제를 단순화하면, 문제를 제대로 보지 못하게 될 수도 있습니다. 이를 꼬집으면서 헤겔 G.W.F. Hegel이 한마디 했죠. "행위에 따른 결과를 무시하는 원리나, 결과로 행위를 판단해서 정의로움과 좋음의 척도로 삼는 정반대의 원리나, 똑같이 추상

성을 벗어나지 못한 것이다."³

결과를 완전히 무시하는 윤리학은 있을 수 없습니다. 결과에 대한 고려 없이 행위를 정의하는 것은 불가능합니다. 사실, 행위라는 말 자체가 결과를 만들어 낸다는 뜻이니까요. 예를 들어, 거짓말을 하면 무조건 비난받아야 한다는 사람이 있다고 칩시다. 그렇다고 그가 거짓말에 따른 결과 모두를 무시하는 것은 아닙니다. 도리어 그는 결과를 매우 중시하는 것입니다. 거짓말을 거짓말로 만드는 결과, 즉 타인을 속이고 궁지로 모는, 바로 그런 결과 말입니다. 거짓말이라 콕 짚으려면, 반드시 이처럼 결과가 드러나야 합니다. 그렇지 않으면 허구의 이야기인 동화도 거짓말이 됩니다. 결국 문제는, 심정이냐 책임이냐도 아니고 결과를 고려해야 하느냐 무시해야 하느냐도 아닙니다. 진짜 문제는 다음과 같은 것입니다. 행위자는 어떤 결과를 어디까지 책임져야 하는가? 즉 행위가 절대 야기하면 안 되는 특정한 결과가 존재하는가, 아니면 당장은 나쁜 결과를 낳는 것 같아도 길게 보면 좋은 결과를 만들어 내는 행위라면 허용되어야 하는 것인가? 이 문제는 결국 '목적이 수단을 정당화할 수 있는가'라는 전통적인 질문, 즉 수단이 나빠도 목적이 좋으면 괜찮은 것인가라는 질문에 관한 것이라고 할 수 있습니다.

우리 행위는 대체로 결과의 비교, 더 구체적으로는 우리 행위의 결과가 긍정적으로 또는 부정적으로 영향을 미치는 이득의 비교를 토대로 이루어집니다. 이는 의심의 여지가 없습니다. 우리는 득실을 서로 비교합니다. 의사는 환자의 다리를 절단하기도 하고 신장을 떼어 내기도 합니다. 환자의 생명을 구하기 위해서 말입니다. 또는 와인을 마시지 못하게도 합니다. 못 마실 때 생기는 희생보다 훨씬 더 큰 불편함이 와인 때문에 야기될 수 있어서 그렇습니다. 이런 예들은 의심할 나위 없이 목적이 수단을 정당화하는 경우입니다. 바로 책임 윤리가 그렇습니다.

그런데 만약 이런 사고방식을 무한정 밀어붙이면 어떻게 될까요? 여기 심성이 고약한 사람이나, 나아가 범죄자를 치료 중인 의사가 한 명 있다고 가정합시다. 이 골칫거리 인간을 치료할 때, 의사는 그들 행위의 결과를 전체적으로 고려해서 이들이 더 빨리 죽게 만드는 처방을 내려야 하나요? 사실 소련의 정신과 의사는 이런 식으로 사회악으로 몰린 반체제 인사를 정신병원에 가두고 약물을 투여해 그들의 저항 의지를 꺾었죠. 이는 책임 윤리를 따른 것입니다. 근본적으로, 이런 식의 접근은 우리가 의사의 책임을 이해하는 방식과 어긋납니다. 우리 이해에 따르면, 의사의 책임은 궁극적 목적 ―환자의 건강을 최우선으로 삼는― 이상의 것이 될 수 없습니다. 환자 돌봄이라는 목적을 뛰어넘어, 이런저런 결과와 결부된 더 넓은 의미의 책임을 내세우는 것은 의사의 윤리가 될 수 없습니다.

이런 예도 가능합니다. 여기 임상 실험 중인 시약이 하나 있습니다. 실험을 진행하고 있는 의사는 실험 대상 중에 이 약을 쓰면 바로 생명을 구할 수 있는 환자가 있다는 것을 이미 알고 있습니다. 그런데도 그 의사가 실험의 성공을 최우선시하여 이 환자에게 고의로 시약을 제공하지 않으면 이 역시 의사의 윤리를 저버리는 셈이 됩니다. 왜냐하면, 치료에는 환자의 회복이라는 목적을 뛰어넘는 더 상위의 목적이나 더 광범위한 결과 등을 고려하면 안 된다는 묵시적 계약이 존재하기 때문입니다. 의사와 환자의 관계는 이 계약을 토대로 맺어지는 것입니다. 그런데 여기에 자원의 희소성 문제가 개입되면 상황은 달라질 수도 있습니다. 예를 들어, 원한다고 해서 모든 환자가 인공 심폐 장치나 인공 신장을 얻을 수는 없습니다. 그래서 이런 것은 분배 정의의 원칙에 준하여 선별적으로 제공되어야 합니다. 다시 말해서 상황에 따라 이 생명과 저 생명의 비교는 불가피하다는 얘기입니다. 물론 비교 이후 내려지는 결정은 반드시 객관적이면서도 불편부당不偏不黨한 것이어야 합니다.

위 예들은 재화나 가치의 비교도 우리 도덕 행위의 일반적 형식 중 하나라는 것을 보여 줄 때 흔히 등장합니다. 그러나 이 결론은 옳지 않습니다. 이 결론이 옳다고 보는 것이 공리주의인데, 공리주의는 여러 가지 이유에서 받아들이기 어렵습니다. 아래에서 간단히 그 근거를 제시하겠습니다.

무엇보다, 우리 행위의 결과를 장기적으로 판단하

기 어렵기 때문에 공리주의는 실패할 수밖에 없습니다. 행위 결과의 장기적 계산은 너무나 복잡하고 그 예측도 어렵습니다. 우리 행위의 결과 모두를 반드시 고려해야 한다고 한번 가정해 봅시다. 그러면 우리는 계산만 하다가 결국에는 아무런 행위도 하지 못하게 될 것입니다. 예를 들어 볼까요? 가난한 나라의 유아 사망률을 낮추었을 때의 장기적 결과에 대해 생각해 봅시다. 이는 엄청난 재앙이 될 수도, 혹은 삶의 질을 향상시키는 긍정적 압박이 될 수도 있습니다. 물론 유아 사망률 감소라는 목적을 달성할 수 있을지 없을지 자체도 확실하지는 않죠. 어쨌거나 그러면 궁극적으로 어느 쪽을 선택해야 하는지를 누가 판단할 수 있을까요? 그런 판단 없이는 어떤 행위도 불가능하다면, 뭔가 행위할 수 있는 사람은 아무도 없을 것입니다.

반대로, 옳지 못한 일이 장기적으로 좋은 결과를 낳는 경우도 있습니다. 하지만 예수는 유다의 배신을 수단으로 삼아 인류가 구원받는다 해도, 그 배신이 정당화될 수는 없다고 분명하게 말합니다. 만약 목적이 수단을 정당화할 수 있다면, 범죄 행위도 수단을 정당화하는 목적에 기대어 모두 정당화될 수 있을 것입니다. 공교롭게도 여기에는 독특한 변증적 관계가 있습니다. 막스 베버식으로 보면, 급진적 책임 윤리는 실제로 급진적 심정 윤리와 다를 바 없습니다. 이런 접근법에 따르면, 어느 누구도 하나의 행위를 그 행위만 가지고 독립적으로 판단할 수 없습니다. 행위자의 의도와 목적뿐 아니라, 역사의 흐름이 도달할 최종점에 이르기까지, 모든 것을 고려해야 합니다. 그러다 보면 통상적으로는 범죄로 간주되는 행위에 무죄를 내릴 수도 있습니다. 그래서 심정 윤리학자는 자신을 급진적 책임 윤리학자라 생각합니다. 여기서 드러나는 진실은, 결과 전체를 고려하려는 순간, 우리는 언제나 어둠 속을 헤매게 된다는 겁니다. 결과 전체를 가지고 우리 행위의 도덕성을 논하는 순간 우리는 마치 햄릿처럼 울부짖어야 할 것입니다. "이 무슨 저주인가, 내가 세상을 바로잡아야 하는 운명을 타고 태어났다니!"

두 번째 근거는 다음과 같습니다. 공리주의는 보

통 사람들의 도덕적 판단을 전문 지식을 갖춘 전문가의 손에 맡깁니다. 이러면 도덕적 규범이 기술적技術的 규범으로 변형됩니다. 공리주의에 의하면, 행위 자체만으로는 행위의 도덕적 성질을 알 수 없습니다. 도덕적 성질은 보편적 효용 함수를 통해 알 수 있는 겁니다. 그리고 이 함수 설정은 전문가 ─어쩌면 전문가를 자처하는 사람들─ 의 일이죠. 나치가 통치하던 시절, 젊은 SS 대원들에게 유대인 아이들을 학살하라는 명령이 내려졌을 때, 적어도 대원 몇몇은 양심의 가책을 느꼈을 겁니다. 그러나 그 양심의 소리는 유대인의 존재가 인류 전체에 해악을 끼친다는 이론의 위력에 묻힐 수밖에 없었습니다. 설령 이 대원들이 무지몽매해서 이 이론이 얼마나 허무맹랑한 것인지를 알지 못했다 해도 반드시 한 가닥 남아 있었어야 했던 것은 바로, 아무 죄도 없는 아이들을 그렇게 학살해서는 안 된다는 단순한 생각, 곧 양심이었습니다.

그러나 공리주의는 이런 단순한 생각 ─양심─ 을 인정하지 않습니다. 양심보다는 이데올로그나 테크

노크라트 쪽의 손을 들어주죠. 위에서 든 예가 너무 극단적이지 않느냐는 사람이 있을 수도 있겠군요. 그럼 다른 예를 들어 볼까요? 몇 년 전 바이에른 방송국에서 진행한 실험 하나가 떠오릅니다. 이 실험은 남녀노소를 막론하고 길거리에서 무작위로 선발된 사람들을 대상으로 한 것이었습니다. 그들은 학습법 발달과 관련된 중요한 실험에 참가해 달라는 요청을 받습니다. 실험의 내용은 이렇습니다. 밀폐된 방에 사람 한 명이 갇혀 있고 실험 참가자들은 방 밖에서 버튼을 누릅니다. 버튼을 누르면 방에 있는 사람에게 전기 충격이 가해지고, 버튼을 누를수록 전기 충격은 점점 강해집니다. 물론 이 모든 것은 가짜입니다. 실제로 방 안의 사람은 전기 충격을 받지 않습니다. 받는 척 연기하면서 실험 참가자들을 속이는 것이죠. 사실 이 실험은 방 안에 있는 사람이 아니라, 실험 참가자들을 대상으로 한 것입니다. 실험의 의도는 참가자들의 참여 의지의 정도가 어디까지 가는지를 보는 것이었고요. 충격적이게도 이 실험에서 그들의 참여 의지는 상당히 심한 수준까지 이르렀다는 결과를 얻습니다. 실험 대상인 척 연기하는 방 속의 사람이 소리를 지르기 시작하고, 전기 충격으로 마치 그 사람의 목숨이 경각에 달린 듯 보인 순간, 몇몇 참가자는 실험 중지를 요구합니다. 그런데 이때, 실험 진행자는 이들을 설득하기 시작합니다. 엄청난 비용을 들인 이 실험을 지금 중단하면 지금까지의 노력이 모두 헛수고가 될 거라고, 그러나 성공한다면 학습법 향상에 엄청난 진보를 가져와 전 세계의 모든 이가 혜택을 누릴 것이라고 말입니다. 이 말을 들은 대부분의 참가자는 이런 공리주의적 주장에 설복되어 자신의 양심을 외면하고 계속 고문자로서 가해 행위를 계속합니다.

이 실험의 결론은 무엇일까요? 바로 우리의 행위 지침이 총체적 결과를 향할 때, 사람들은 방향을 잃고 각종 유혹과 조작에 휘말리게 된다는 것입니다. 이래서는 결코 좋은 세상을 만들 수 없습니다. 공리주의자들은 이 결론 앞에서 자기모순에 빠집니다. 그들은 이룰 수 있는 최선의 세상을 찾으려 하는 사람들이니까요. 하지만 모두가 최선의 세상을 목표로 삼는다고 해서 그런 세상이 오는 것은 아닙니다. 심지어 공리주의적 관점에서 봐도, 공리주의적 행위 지침은 이로움보다 해로움이 더 많습니다.

위 논점은 다음 세 번째 논증에 의해 더욱 명료해집니다. 공리주의자는 이른바 전문가들에게 현혹되기 쉬울 뿐 아니라 범죄자들에게 협박당하기도 쉽습니다. 그러다 보니 협박의 위험성에 점점 더 크게 노출됩니다. 물론 협박에 저항해서 그 협박 자체를 못하도록 하는 것이 공리주의적으로 옳은 경우도 많습니다. 그럼에도 그 협박에 굴복해야 할지 말지를 결정하려면 협박에 직면할 때마다, 매번 사악함의 정도를 비교하지 않으면 안 됩니다. 보통 개인들은 정치인들보다 그런 협박에 굴복하기 쉽습니다. 당연합니다. 정치인들은 장기적 결과를 고려할 의무가 있는 사람들이니까요. 정치인은 어느 누구보다 공리주의, 즉 '책임 윤리' 원칙에 따라 행위해야 하는 사람들입니다. 그런데 자기 말을 듣지 않으면 훨씬 더 큰 악을 행하겠다면서 무고한 사람을 살해하라거나, 손님으로 온 친구를 인질로 넘기라거나 하면서 범죄 행위를 강요할 때, 이 도덕적 문제는 매우 선명하게 드러납니다. 공리주의자라면 경우에 따라 이런 협박에 굴복할 수 있습니다. 한 사람의 죽음이 백 명의 죽음보다는 낫다는 이유로 말이죠. 그러나 무고한 사람의 살해는 단연코 범죄일 수밖에 없다고 믿는 사람에게 이런 논리는 통하지 않습니다. 협박은 이런 사람들에게는 전혀 먹혀들지 않으니까요. 이와 같이 공리주의는 자신이 피하려 애쓴 결과를 오히려 스스로 산출하는 역효과를 낳게 됩니다.

지금까지의 논의에서 얻을 수 있는 결론은 다음과 같습니다. 우리가 져야 할 도덕적 책임이 구체적이고 명확하려면, 반드시 일정한 제한이 있어야만 합니다. 그래야 조작에 멋대로 휘둘리지 않을 수 있습니다. 여기서 제한이 있다는 말은 일체의 행위와 일체의 부작위不作爲가 야기하는 결과 전체에 대해서는 우리가 책임질 필요가 없다는 뜻입니다. 이 조건하에서만 '부작위'라는 개념이 제대로 정의될 수 있습니다. 죄가 될 수 있는 부작위는 내가 마땅히 해야 할 것을 하지 않는 것입니다. 매 순간 우리가 하지 않은 일 모두에 책임을 져야 하거나, 행위를 할 때마다 매번, 가능한 행위의 모든 선택지를 검토해서 최선의 것을 취해야 한다면, 우리는 감당하기 어려워 쩔쩔맬 수밖에 없을 겁니다.

행위의 책임이 미치는 실제 범위를 정하는 일은 매우 복잡합니다. 이를테면 의사의 책임은 정치인의 책임보다 훨씬 제한적이죠. 정치인은 결과에까지 이르는 매우 광범위하면서도 복잡한 연결고리 하나하나를 고려해야 하는 사람이라고 할 수 있습니다. 그러나 최선책을 찾아야 하는 정치인의 의무조차도 일반적으로는, 그들이 실제로 책임을 지고 있는 자국 안에서의 의무입니다. 다른 국가와 국민에 대해서까지 그들이 최선의 것을 해야 할 책무를 지지는 않습니다. 기껏해야 공정해야 할 의무 정도만 질 뿐입니다.

남은 질문이 있습니다. 과연 인간이라는 이유로 져야만 하는 책임, 즉 모든 인간의 책임 같은 것이 존재할까요? 그리고 이런 책임을 저버릴 때 나타나는 특정한 행위가 있을까요? 칸트는 모든 이에게 부과된 도덕 명령을 이렇게 정식화했습니다. "어떤 행위를 하든, 결코 우리 자신 혹은 다른 사람들을 오로지 수단으로만 삼아서는 안 된다."[4] 이에 대해 이렇게 반론할 수 있습니다. 우리는 목적을 위해 끊임없이 서로를 수단으로 삼지 않을 수 없다. 한마디로 인간 사회의 총체적 조직이 그렇게 이루어져 있다. 당연히 칸트도 이런 반론에 대해 알고 있었습니다. 사실 그가 하고자 했던 말은, 우리가 서로를 수단으로 삼을 때는 반드시 부분적으로만 그렇게 해야 한다는 겁니다. 우리는 타인의 능력과 성과를 통해 이익을 얻습니다. 그렇다고 타인이 그 자체로 목적이라는 사실이 부정되지는 않습니다. 우리는 동료 인류의 성취를 이용할 권리가 있습니다. 그렇다고 그 사람이 하나의 인격체임을 부정해서는 안 됩니다. 물론 인격체임을 부정당하는 경우도 있습니다. 노예로 팔리거나 고문을 당하거나 무고한데도 죽임을 당하거나 성적 학대를 당할 때, 그는 그 자신 자체로 목적일 수 없습니다. 덧붙여 칸트는 거짓말에 속임을 당하는 경우도 여기에 포함시켰지만, 그 문제를 여기서 자세히 논하지는 않겠습니다.

요점은 좋은 행위와 나쁜 행위는 비대칭적이라는 것입니다. 언제 어디서나 항상 '좋은' 행위는 존재하지 않습니다. 좋은 행위인지의 여부는 언제나 상황의 연쇄 전체를 놓고 따져야 합니다. '좋은 행위'를 단순히 '나쁜 행위를 하지 않는 것'으로 이해하지 않는다면 그렇습니다. 그러나 상황과 관계없이 언제 어디서나 항상 나쁜 행위는 존재합니다. 인간의 자기 목적성, 즉 존엄성이라는 본질적 가치를 정면으로 부정하는 행위가 그것입니다. 이런 행위를 놓고 그 결과를 아무리 계산해 봐야 헛수고입니다. 한편, 이 말은 본질상 나쁜 행위를 하지 않아서 생긴 결과까지 우리가 책임을 질 필요는 없다는 것을 의미하기도 합니다. 살려 달라고 애원하는 유대인 소녀를 사살하라는 명령, 만약 거부하면 다른 10명의 사람을 사살하겠다고 협박하며 내린 사살 명령을 거부한 사람에게 책임을 물을 수는 없습니다. 설령 그 10명이 결국 죽음으로 내몰렸다고 해도 그렇습니다. 우리는 죽음을 피할 수 없는 존재이지만 그렇다고 살인까지 할 수는 없습니다.

물리적으로 불가능한 일을 하지 않았다고 책임을 물을 수는 없죠. 마찬가지로, 해서는 안 되는 일을 하지 않은 것에도 책임을 물을 수 없습니다. 선한 사람이란 아마도, '나는 해서는 안 된다'를 '나는 할 수 없다'로 바꾸는 사람일 겁니다. 고대 로마의 한 입법가는 그 특유의 명료함을 동반하면서 다음과 같이 말했습니다. "경건함에 반하는 것, 인간 존중에 반하는 것, 즉 선한 도덕에 반하는 것은 무엇이든 절대 할 수 없는 것으로 여겨져야 한다."[5]

주석

1 「열왕기 상」, 32장, 16-28절.

2 '심정 윤리'의 독일어 원어는 'Gesinnungethik'이다. 여기서 'Gessinnung'은 마음씨, 심정이라는 뜻도 있지만, 신념, 소신 이라는 뜻도 있다. 본서에서는 불가피하게 '심정 윤리'로 번역 했지만, 'Gessinnungethik'의 정확한 의미는 주체의 내면을 통해 빚어지는 당위성에 기초한 윤리, 즉 주체적, 내면적 소신 을 바탕으로 한 윤리이다. 그런 점에서 책임 윤리와 대조되는데, 책임 윤리는 외부로부터 부과되는 윤리, 즉 대타적(對他的), 외면적 윤리라는 점에서 그렇다.

3 G. W. F. 헤겔, 『법철학 강요(*Grundlinien der Philosophie des Rechts*)』, 2부, 1장, 118절.

4 이마누엘 칸트, 『윤리형이상학 정초(*Grundlegung zur Metaphysik der Sitten*)』, 2절, B65.

5 아이밀리우스 파피니아누스(Aemilius Papinianus), 『탐구(*Queaestiones*)』 중 16권. 『탐구』는 원본이 전해 내려오지는 않고 후대의 법률서에 파편적으로 인용되어 전해지는데, 위 구절은 유스티니아누스 황제 시기(6세기)에 편찬된 『유스티니아누스 법학 제요(*Digesta Iustiniani*)』, 28권, 7장, 15절에 인용된 것이다.

6장 개인

언제나 자신의 양심에 따라
행동해야 하는가?

지금까지 우리는 어떤 행위를 놓고, 좋다, 나쁘다, 옳다, 그르다, 성공이다, 실패다 등을 말할 때 적용되는 다양한 관점을 논했습니다. 또 질문을 던졌죠. 도대체 우리가 진정으로 그리고 근본적으로 원하는 것은 무엇인가? 그리고 우리는 바로 선^善이 그것을 참되게 충족시켜 줄 수 있음을 이해하려 했습니다. 그러면서 지금까지, 가치, 행위 결과, 그리고 정의에 대해 논했습니다. 그런데 이런 논의를 모조리 군더더기로 만들어 버리는 간단명료한 대답이 하나 있습니다. 사람이 뭘 해야 할지를 알려 주는 것은 바로 양심이라는 대답이 그것입니다.

이 대답은 옳습니다. 하지만 너무 단순하기 때문에 오히려 잘못 이해하기 쉽습니다. 이제 우리는 다음과 같은 질문과 함께 이 문제를 다루어 보려 합니다. 우리가 양심이라 일컫는 것은 도대체 무엇인가? 양심으로 얻을 수 있는 것은 무엇인가? 양심은 언제나 옳은가? 사람은 정말 언제나 양심을 따르고 타인의 양심을 존중해야 하는가?

언뜻 보아도 '양심'이라는 말은 딱 무엇이라 정의하기 어렵습니다. 매우 다양한 문맥에서 사용되는 말이기도 하고요. 우리는 일상적인 의무를 꼬박꼬박 수행하는 사람을 가리켜 양심적인 사람이라 칭하기도 하지만, 다른 한편 이런 의무의 굴레를 벗어나 저항하는 사람을 가리켜 양심적인 사람이라 칭하기도 합니다. 또 우리는 양심을 반드시 존중해야 할, 그래서 헌법에도 명시되어 있는 모든 이가 지닌 신성한 것이라 말하기도 합니다. 그러면서도 이른바 '양심범'에게 중형을 부과하기도 합니다. 양심을 인간 내면에서 울리는 신의 목소리라고 하는 사람도 있습니다. 반면 원래는 권위를 동반한 외적 규범이었던 것이 훈육을 통해 내면화되면 그것이 양심이 된다고 말하는 사람도 있습니다. 도대체 양심의 본모습은 어떤 것일까요?

한마디로, 양심은 인간의 존엄성을 말하는 것입니다. 다시 말해서 인간이라는 존재는 그저 보편자의 한 부분으로서의 개별자, 즉 인간이라는 종種에 속하는 한 개인이 아니라, 하나하나의 개별자이지만 그 자체로 총체성을 지니는, 이미 자신 속에 '보편성'을 지니고 있는 존재라는 뜻입니다.

자연법칙에 따라 돌은 위에서 아래로 떨어집니다. 말하자면, 그 법칙은 돌의 외부에 존재하는 것입니다. 정작 돌은 이 법칙에 대해 아무것도 모르죠. 그러나 이를 관찰하는 우리는 돌의 낙하를 보편법칙의 한 예로 인식합니다. 새들은 자기 종을 보존하거나 태어날 새끼들이 안전했으면 하는 의도로 둥지를 짓지 않습니다. 새들에게 내재된 충동 즉 본능에 의해 무언가를 하는 것일 뿐, 사실 이들 자신은 그 의미를 모릅니다. 그래서 새는 사람에게 사로잡혀 새끼를 낳을 수 없는 상황에서도 둥지를 짓습니다. 이런 것을 보면, 새는 본능에 따라 활동한다는 걸 명확하게 알 수 있습니다.

반면, 인간은 자신이 왜 이런 일을 하는지를 아는 존재입니다. 인간은 자신이 한 행위의 의미를 알고, 의식적이면서도 자유롭게 행위합니다. 내가 어떤 행위를 하려 하는데 그 행위로 타인이 피해를 입을 수 있다면, 나는 그 결과를 생각하면서 이 행위가 정의로운지, 내가 그 결과에 책임을 질 수 있는지, 스스로 따져 묻습니다. 목전에 닥친 객관적 이해관계와는 잠깐 거리를 두면서, 우리 행위에 상응하는 객관적인 가치 서열이 무엇인지를 생각해 볼 수 있는 능력이 우리에게는 있습니다. 이는 그저 이론상으로만 그런 것이 아닙니다. 만약 그렇다면, 이런 통찰은 전적으로 우리 외부에 남아 있을 것이고 우리의 내적 동기를 바꾸지는 못할 것입니다. 그리고 안과 밖을 나누며 이렇게 말하겠죠. "이런 행위는 객관적으로 정의롭지 못하지만 내게는 이득이 되는 좋은 것이지." 우리가 진정으로 그리고 근본적으로 원하는 것과 객관적으로 좋고 옳은 것이 배치된다는 견해는 실제로도 진실이 아닙니다. 보편적이면서도 객관적인 좋은 것의 서열과, 그 서열을 이루는 좋은 것들을 잘 고려해야 한다는 요구는 양심 안에서 서로 만납니다. 그리고 그 좋은 것들은 곧바로 우리 자신의 의욕과 연결됩니다. 양심은 우리가 우리 자신에게 던지는 요구입니다. 내가 부당하게 타인을 해치거나, 공격하거나, 또는 다치게 하면 곧바로 나 자신이 상처를 입습니다. 이럴 때 우리는 '양심의 가책을 느낀다'고 말합니다.

우리는 유한한 존재입니다. 양심은 그 유한한 존재의 내부에 절대적 관점이 현현한 것입니다. 절대적 관점이 유한한 존재의 감정 구조 안에 닻을 내린 것이라 할 수 있죠. 이렇게 개별 존재인 인간 속에 보편적이자 객관적이며 절대적인 것이 미리 자리 잡고 있기 때문에, 우리가 인간 존엄성을 말하는 겁니다. 다른 이유가 아닙니다. 개별자인 인간이 양심을 통해 보편의 한 부분이 되고 의미의 총체가 된다는 말은 진실입니다. 마찬가지로, 좋음이나 의미, 그리고 정당화가 한 개인 안에 존재하려면 반드시 보편적인

것 즉 객관적으로 옳고 좋은 것이 양심 속에서 옳고
좋은 것으로 모습을 드러내지 않으면 안 된다는 말
도 진실입니다.

　양심은 두 개의 정신 활동이 겹쳐진 것이라 할 수
있습니다. 첫째, 양심은 인간이 자신을 넘어서게 하
는 정신 활동입니다. 인간은 자신의 이해관계와 욕
구를 상대화하고, 무엇이 그 자체로 선하고 옳은 것
인지를 물으면서 자기 자신을 넘어섭니다. 이 과정
에서 자기기만에 현혹되지 않으려면, 인간은 자신
과 함께 윤리 공동체를 이루는 타인들과 무엇이 좋
고 무엇이 정의로운 것인지에 관해 의견을 나누어
야 합니다. 한편 인간은 그 상대화의 근거를 마련하
는 동시에, 그 근거에 대한 반론도 함께 고려해야 합
니다. 이렇게 말하는 사람도 있습니다. "관습이나 이
성은 내게 아무런 영향도 미치지 못해. 나는 스스로
무엇이 옳고 무엇이 좋은지 이미 알고 있다고." 이
런 이는 객관적이자 보편적인 존재로 자신을 자리매
김하지 못한 사람입니다. 그들이 양심이라고 일컫는
것은 사실 개인적 기분이나 성벽性癖에 지나지 않습

니다.

양심을 더 발전시키고 더 내용이 풍부한 것으로 만들고자 하는 의지 없이 양심은 존재할 수 없습니다. 최신 의료 정보를 얻으려 하지 않는 의사는 양심 없이 행동하는 것입니다. 마찬가지로 타인이 나의 행동에 관심을 기울이면서 내가 무심코 한 행동에 대해 의견을 피력하는데 내가 그 의견을 무시한다면, 나 역시 양심이 없는 것입니다. 자신의 양심을 풍부하게 하려는 의지가 없으면 우리는 극히 제한적으로만 양심에 대해 말할 수 있습니다.

이제 양심과 관련된 두 번째 정신 활동에 대해 알아보겠습니다. 이 정신 활동을 통해 우리 개개인은 자기 자신을 완전히 회복하게 됩니다. 앞서 말했듯, 개인은 잠재적으로 보편적 존재입니다. 그리고 그 자체로 의미의 총체입니다. 그래서 개인은 자기 행위의 책임을 타인에게 미루어서도, 당대의 관행이나 근거의 제시와 반박이 끊임없이 오고 가는 담론의 익명성에 숨어 회피해서도 안 됩니다. 물론 개인은 지배 담론과 뜻을 함께할 수도 있습니다. 그것이 합리적인 경우가 많죠. 다수의 의견을 거부하기만 한다고 양심적인 사람이 되는 것은 아니니까요. 그렇다고 한 개인이 홀로 자신의 책임을 짊어져야 한다는 궁극적 사실이 변하지는 않습니다. 개인이 권위에 복종할 수도 있습니다. 그것이 옳을 수도 합리적일 수도 있죠. 하지만 그 복종에 대한 궁극적 책임을 짊어져야 하는 사람은 바로 그 개인입니다. 한 개인이 담론에 참여해서 근거 제시와 반박의 사이를 오갈 수도 있습니다. 근거 제시와 반박은 끝이 없지만, 삶은 유한합니다. 옳고 그름을 둘러싼 전全 세계적 합의를 기다린 후에야 행위를 할 수는 없습니다. 그래서 각 개인은 이런저런 주장들의 무한 비교에서 언제쯤 발을 뺄지, 설왕설래는 언제쯤 끝낼지, 그리고 언제쯤 확신을 가지고 행동을 개시할지를 잘 결정해야만 합니다.

설왕설래에 마침표를 찍는 이 확신, 이것을 우리는 양심이라고 부릅니다. 그렇다고 이런 확신이 언제나 객관적으로 최선이라 할 만한 선택으로 이어지지는 않습니다. 정치인이나 의사, 아버지나 어머니도, 자신의 행위나 조언이 결과의 총체를 염두에 두었을 때 정말 최선인지를 확실히 알지 못할 때가 많습니다. 그래도 그들은 당면한 상황에 따라, 그리고 당시 그들 스스로 알고 있는 바에 따라, 할 수 있는 최선을 다하고 있다는 사실은 스스로 알고 있습니다. 이것으로 양심이 발현되기 위해 필요한 만큼의 확실성은 얻게 되는 셈입니다. 앞서 보았듯이, 어떤 행위를 정당화한다고 결과의 총체까지 고려할 필요는 없고, 고려할 수도 없으니까요.

양심을 강조하면 외적 통제는 전혀 필요 없는 것처럼 보이죠? 그런데 정말 그럴까요? 여기서 중요한 반론이 제기됩니다. 우리에게 방향을 제시하는 이 양심이라는 나침반은 어떻게 우리 안에 들어왔을까요? 그리고 누가 이렇게 작동하도록 만들어 놓았을까요? 이런 내적 안내는 사실은 그저 배후 조종, 즉 축적된 과거가 배후에서 조종하고 있는 것에 불과한 것 아닐까요? 이 조종 장치는 실은 우리 부모님들이 처음 만들어 놓은 것입니다. 우리는 어린 시절 반드시 따라야 할 규범을 제시받고 그 규범을 내면화해

왔습니다. 그리고 우리가 받은 명령을 우리 스스로 내리는 명령으로 변환시켜 왔습니다.

　이런 맥락에서 프로이트는 '초자아Über-Ich, superego'라는 개념을 창출했습니다. 초자아는 이른바 '이드Es, id', '자아Ich, ego' 개념과 함께 우리의 성격 구조를 이룹니다. 초자아는 말하자면 내면화된 아버지의 이미지, 즉 우리 안에 존재하는 아버지입니다. 그러나 이 프로이트의 개념은 네오마르크스주의 사회 비판 이론에서 말하는 내면화된 지배 규범 개념처럼 경멸의 의미로 사용된 것은 아니었습니다. 정신분석가로서 프로이트가 관찰한 바는, 초자아의 인도 없이는, 자아가 형성될 수도 없고 '이드'라는 본능적 충동의 영역이 드리우는 덫에서도 벗어날 수 없다는 것입니다. 그러나 프로이트는 자아가 진정한 자아가 되려면 초자아의 압도적 영향력으로부터도 벗어나야 한다고 덧붙입니다.

　위 프로이트의 설명이 예리한 맛이 있는 것은 사실이나, 그렇다고 그의 초자아 개념과 양심 개념을 동일시해서는 안 됩니다. 그러면 양심을 단순히 양육의 산물로 치부하는 꼴이 될 테니까요. 그도 그럴 것이, 사람들은 양심의 이름으로 사회의 지배적 규범에 종종 반기를 들곤 합니다. 그들의 아버지가 이 규범들의 표상이 되는 경우에도 반기를 들곤 하죠. 이렇게 반기를 드는 배경에는 어쩌면 자아의 해방 욕구, 즉 뭔가 다른 존재가 되고자 하는 단순한 반응 작용이 자리 잡고 있을는지 모르겠습니다. 그러나 순응이 그렇듯 이런 반응 작용도 양심이라 할 수는 없습니다.

역사적으로 보면 참된 양심범, 즉 양심적 거부자들은 처음부터 반골 기질을 지닌 이들이라기보다는 오히려 주변 이목을 피해 조용히 자신의 일상을 살아온 사람들인 경우가 많습니다. "왕의 충성스러운 종이지만, 그 이전에 하느님의 종이다!" 이는 영국의 재상이었던 토머스 모어Thomas More가 참수를 당하면서 외쳤던 말이었습니다. 그는 왕을 섬기면서 왕과의 갈등을 피하려 갖은 애를 썼으나, 자신의 양심에 어긋나는 일에 서명을 해야 하는 순간이 되자 결국에는 왕이 아닌 자신의 양심을 따릅니다. 그가 따랐던 것은 순응의 욕구도 반항의 욕구도 아니었습니다. 그가 따랐던 것은 단순히, 인간으로서 해서는 안되는 일이 있다는 조용한 확신이었습니다. 이 확신이 그의 자아와 깊은 곳에서 통합되어 '나는 해서는 안 된다'가 '나는 할 수 없다'로 바뀌게 된 것입니다.

그저 양육의 산물도 아니고 초자아와 동일시할 수 있는 것도 아니라면, 양심은 선천적으로 타고나는 것일까요? 아니면 사회적 본성과 결합된 일종의 본능일까요? 모두 아닙니다. 인간은 본능을 '본능적으로' 따르니까요. 본능적 충동을 따른 범죄자의 '나는 그리할 수밖에 없다'는 말과, 양심에 따른 사람의 '나는 그리할 수밖에 없다'는 말은 천지 차이입니다. 충동적 범죄자는 강압과 부자유를 느낍니다. 그는 달리 행위하려 하지만 할 수 없습니다. 자기 자신과 화해하지 못한 상태이기 때문입니다. 반면, 양심에 따라 행위하는 사람은 이렇게 자신의 자유를 표현합니다. "여기 우뚝 서서 말한다. 나는 그리할 수밖에 없다." 이 말은 '나는 달리하는 것을 원치 않는다. 나는 달리할 수 없고 달리할 수 있게 되는 것을 원치도 않는다'라는 뜻입니다. 이런 사람은 자유롭습니다. 고대 그리스인의 말마따나, 그는 자기 자신과의 화해를 이룬 사람입니다.

양심은 어디서 오는 것일까요? 이 질문은 우리가 쉽게 던지는 다음 질문과 비슷한 겁니다. 언어는 어디서 오는 거지? 왜 우리는 말을 하는 거야? 물론 우리는 부모에게 말을 배웠으니 말을 합니다. 말을 듣지 못하면 말을 할 수 없습니다. 대화하지 않으면 사유도 할 수 없습니다. 우리의 사유는 내적 발화^{發話}의 한 형식이기 때문입니다. 그러나 언어가 내면화된 외적 지배라고 말하는 사람은 아무도 없을 것입니다.

그러면 진정한 '자기 결정'이란 무엇을 말하는 것일까요? 우리는 본래 말도 생각도 마음대로 하지 못하는 존재인가요? 결코 그렇지 않죠. 진실은 이렇습니다. 인간은 본래 타자의 도움을 필요로 하는 존재입니다. 애초에 그렇게 결정지어진 존재입니다. 양심도 마찬가지입니다. 모든 이는 양심의 싹을 지니고 있습니다. 그리고 그 싹은 선과 악을 구별하는 능력과 함께 나타납니다. 아이들을 보면 분명하죠. 아이들과 많은 시간을 함께 보낸 사람이라면 누구나 압니다. 아이들은 잘 발달된 정의감을 가지고 있으며 정의가 침해당하는 걸 볼 때 크게 분노합니다. 아이들은 참과 거짓을 느낌으로 구별합니다. 친절함과 진실함도 느낌으로 알죠. 그러나 이런 가치들과 아이들이 만날 때는 반드시 권위가 동반되어야 합니다. 그렇지 않으면 이 능력은 퇴화합니다. 그래서 아이들이 강자의 규칙을 너무 일찍 접하면 공정의 감각을 잃는 겁니다. 그러면 감수성, 개방성 등도 함께 잃습니다. 언어, 발화는 처음에는 아이들에게 진실을 투명하게 보여 주는 매개체로 기능합니다. 그런데 협박에 겁을 먹으면 아이들은 거짓말로 상황을 모면하는 법을 배웁니다. 또는 부모가 나서서 아이들에게 거짓을 말하고, 성공적인 삶을 위해서는 당연하다는 생각에 거짓말을 일삼기도 합니다. 이럴때 아이들이 지녔던 광채는 사라지고, 양심은 자라다 만 형태로 남게 되죠. 그렇게 양심은 거칠어지기 시작합니다. 섬세하면서도 감수성 충만한 양심은 내적으로 열려 있는 자유로운 인간의 상징입니다. 이는 자기 자신을 끊임없이 의심의 눈초리로 감시하면서 자신이 밟는 행적 하나하나에 집착하는 엄격함과는 전혀 다른 것입니다. 이런 엄격함은 일종의 병입니다.

어떤 사람들은 양심의 가책 자체를 하나의 병으로 간주합니다. 그들은 사람들이 지닌 이런 양심이라는 나쁜 정신 상태, 이른바 죄책감을 지워 주는 게 심리학자의 역할이라고 생각합니다. 하지만 실제로는 분명히 잘못을 저지르고서도 죄책감이나 양심의 가책을 느끼지 못하는 것이 오히려 병입니다. 통증을 느끼지 못하는 것이 심각한 병인 것처럼 말입니다. 통증은 삶이 위협받고 있음을 알려 주는 일종의 신호입니다. 그렇게 우리는 생명을 유지합니다. 유기적 인과관계가 없는데도 통증을 느끼는 사람은 병든 사람입니다. 마찬가지로, 잘못한 것이 없는데도 죄책감을 느끼는, 지나치게 엄격한 사람 역시 병든 사람입니다. 그러나 건강한 사람에게 죄책감은 하나의 신호입니다. 그릇된 행위, 즉 자신의 본성과 실재의 본성 모두에 반하는 태도를 경고하는 신호 말이죠.

이런 태도를 교정하려 하는 것을 우리는 '참회'라고 부릅니다. 철학자 막스 셸러 Max Scheler는 다음과 같이 지적합니다. "참회는 과거를 그저 되돌아보기만 하면서 미래에는 좀 더 향상된 행동을 할 수 있으리라 기대하는 그런 것이 아니다."[1] 과거에 저지른 잘못을 야기한 바로 그 태도를 고치지 않으면, 사실 어떠한 향상도 있을 수 없습니다. 우리는 과거를 억눌러서는 안 됩니다. 의식적으로 과거와 대면해야 합니다. 다시 말해서, 우리는 의식적으로 잘못된 태도를 교정해야만 합니다. 인간의 성향은 머리뿐 아니라 정서적 상태에서도 비롯되기 때문에, 이런 태도 교정에는 자신이 저지른 잘못에 의한 통증(고통)이 뒤따릅니다. 심리학자 미처리히 Alexander und Margarete Mitscherlich는 이런 것을 '슬픔의 작용'이라고 일컫습니다.[2] 본성적으로 우리는 그런 참회를 바랍니다. 아이를 학대해서 마음에 깊은 상처를 남기고는, 다음에는 좀더 잘 대해 보겠다며 웃음 짓는 사람의 말을 믿을 사람은 아무도 없을 것입니다. 과거에 대한 고통과 양심의 가책이 그를 사로잡아 변화시키지 않으면, 그는 과거 그대로일 뿐입니다.

서두에 저는 이런 질문을 던졌습니다. 양심은 과연 항상 옳은가? 우리는 언제나 양심을 따라야 하는가? 사실 양심이 항상 옳지는 않습니다. 마치 우리의 오감이 항상 우리를 올바른 길로 인도하지는 않듯, 또 우리의 이성이 항상 오류를 막아 주지는 못하듯, 양심도 잘못될 수 있습니다. 양심은 선, 악과 관련된 우리 내면의 기능일 뿐이지, 계시나 예언일 수 없습니다. 그러나 양심은 우리에게 방향을 제시합니다. 양심은 우리가 사로잡혀 있는 이기적 관점을 풀어헤쳐 보편적인, 즉 그 자체로 옳은 관점을 향하게 합니다. 하지만 이런 관점에 온전히 다다르기 위해서는 성찰과 앎이 필요합니다. 여기에는 —이런 표현이 괜찮을지 모르겠습니다만— 전문 도덕 기술도 필요합니다. 이 말의 뜻은 이데올로기에 의해 왜곡되지 않은 올바른 가치 서열에 대한 이해가 필요하다는 것입니다.

그릇된 양심도 존재합니다. 양심적으로 행동한답

시고 심각한 부정의를 자행하는 이들은 분명 존재합니다. 그런 사람들도 자신의 양심을 따르는 것이 옳을까요? 물론 그렇습니다. 각 개인이 세상의 의미 전체를 자신 속에 담고 있다는 사실을 바탕으로 인간 존엄성이 존재한다는 것을 우리는 알고 있습니다. 객관적 좋음과 옳음은 각 개인이 좋은 것으로 받아들여야 좋은 것이 됩니다. 그래서 인간에게는 단순한 '객관적 좋음' 같은 것이 존재하지 않는 겁니다. 아무리 좋은 것도 그것이 좋은 줄 모르는 사람에게는 좋지 않은 것이 됩니다. 자신의 양심을 따른다는 것은 자신이 객관적으로 좋다고 생각하는 것을 행함을 의미합니다. 근본적 층위에서 보면 이는 사소하리만큼 명백한 사실입니다. 그렇기 때문에 객관적, 주관적으로 모두 옳은 것만이 진정으로 좋은 것이 될 수 있습니다.

올바른 양심과 그릇된 양심을 구별하는 명확한 기준이 있을까요? 그런 기준은 존재할 수 없습니다. 그런 기준이 있다면 어느 누구도 잘못을 저지르지 않겠죠. 그런데 이 정도라면 괜찮을 법도 합니다. 자신의 판단을 타인의 판단과 견주어 대조해 보려 한다면 그것은 단순한 변덕이 아니라 진정으로 양심을 따르고 있는 것이라고 할 수 있을 겁니다. 그러나 이 역시 완전무결한 기준이 될 수는 없습니다. 지적이고 말 잘하는 사람들이 그런 걸 잘하는데, 이들도 판단을 잘못한다는 느낌을 우리는 받을 때가 많거든요. 설령 그런 느낌을 말로 정당화할 수는 없다 해도 말이죠. 이때 사람들은, 내 앞의 지적인 사람들보다 더 나은 근거를 갖고 있는 사람이 있을 수도 있다고는 잘 생각하지 않습니다. 오히려 사람들은 자신이 더 나은 근거를 갖추지 못해서 말로 정당화할 수 없는 거라고 생각합니다. 이렇게 그들은 더 지적인 사람들의 잘못된 판단이 어쩌다 생긴 우연이라고 느낍니다. 하지만 더 지적인 사람들이 내놓는 잘못된 판단과 그 근거를 반박하고 이에 저항하는 것도 역시 양심의 발로라 할 만한 것입니다.

그러면 타인의 양심은 항상 존중해야 하는 것일까요? 그건 존중이라는 말이 무얼 뜻하는지에 달려 있습니다. 이 말이 양심이 **허락한** 것이라면 무엇이든 해도 좋다는 뜻은 당연히 아닐 것입니다. 만약 그렇다면 그들 나름의 양심이 허락했다는 미명하에 실제로는 양심이 없는 사람도 무엇이든 할 수 있다는 뜻이 될 겁니다. 그렇다고 이 말의 뜻이 양심이 **시키는** 것이라면 무엇이든 해도 좋다는 것도 아닙니다. 물론 사람에게는 스스로의 양심을 따라야 할 의무가 있습니다. 그러나 양심을 따른답시고 타인의 권리를 침해하면, 즉 타인에 대한 자신의 의무를 저버리면, 그 타인들 그리고 국가는 이를 저지할 권리를 행사해야 합니다. 한 사람의 권리는 누군가의 양심 판단에 좌지우지될 수 없습니다. 좌지우지될 수 없음 역시 인간 권리의 일부입니다. 좀 말을 꺼내기 어려운 민감한 예를 들어 보겠습니다. 설령 우리 헌법에 그 권리가 명시되어 있다 해도 낙태권은 계속 논의해야 하는 주제입니다. 이 문제를 개개인의 양심에 맡겨야 한다는 슬로건은 얼토당토않은 것입니다. 태아에게 생존권이 없다면 양심이 개입할 여지 자체가 아예 없습니다. 반면 태아에게 생존권이 있다면 이를 다른 이의 양심 판단에 맡길 수는 없습니다.

법치국가에 사는 우리는 법에 복종해야 합니다. 그 법은 시민들 대다수가 정당하다고 생각하는 것이니까요. 예를 들어 양심상 세금 납부를 거부하지 못하는 사람들만 조세법에 복종해야 한다면 그건 말이 안 되는 겁니다. 성실하게 납부한 사람들이 비용을 댄 도로와 하수도 등을 세금도 안 내면서 사용하면, 그는 압류를 당하거나 처벌을 받아도 할 말이 없을 것입니다. 진정 그가 양심에 따라 그렇게 한 것이라면, 그에 상응하는 처벌도 달게 받을 테지요.

독일의 경우, 입법가들은 오직 병역에 한해서만 예외 규정을 두고 있습니다. 양심상 무기 사용을 거부하는 사람들에게 강제 복무를 시킬 수 없다는 것이 그것입니다. 사실 근본적 층위에서 보면 이 입법은 대단한 것이 아닙니다. 왜냐하면, 자신의 양심이 전투를 허락하지 않는 사람들이라면 어차피 싸우지 않을 테니까요. 여기에도 이것이 진정으로 양심의 문제인지 아닌지를 판단할 수 있는 외부의 궁극적 기준은 존재하지 않습니다. 특히 법정에서의 심문은 이런 사례를 명확히 판단하기에 적합하지 않습니다. 심문을 거쳐 봐야 결국에는 교묘하게 거짓을 꾸며 대는 영리하면서도 말 잘하는 이가 승자가 될 테니까요.

진정으로 양심에 따른 결단인지 아닌지를 가르는 기준은 단 한 가지밖에 없습니다. 달갑지 않은 선택지도 기꺼이 받아들일 마음이 있는지 없는지가 바로 그것입니다. 설령 자신의 양심이 명령하는 것을 방해를 받아 실행하지 못하게 되었다 해도 양심이 훼손된 것은 아닙니다. 그 사람이 그 방해의 책임까지 질 수는 없습니다. 그래서 만약 누군가가 범죄를 저질러 세상을 바꾸겠다고 하면, 우리는 그를 감옥에 보낼 수 있습니다. 아니 반드시 보내야만 합니다. 하지만 누군가에게 양심에 반하는 행동을 하도록 적극적으로 강요한다면 이는 경우가 다릅니다. 이는 인간 존엄성을 침해하는 겁니다. 하지만 이런 경우가 과연 가능할까요? 순교의 전全 역사가 보여 주듯, 죽음으로 위협한다 해도 양심에 반하는 행동을 강요하지는 못합니다.

그럼에도 양심에 반하는 행동을 강요할 수 있는

한 가지 방법이 있습니다. 그것은 다름 아닌 고문입니다. 고문은 한 인간을 타인의 의지에 따라 휘둘리는 무력한 도구로 만들어 버립니다. 고문은 '언제든, 어떤 상황에서든' 악한 행위 중에서도 손꼽히는 행위입니다. 고문은 양심의 신성함을 무참히 파괴합니다. 기원전 철학자 세네카Seneca는 양심의 신성함에 대해 이렇게 말했습니다. "우리 안에 깃들어 있는 신성한 영혼이야말로 우리의 선과 악에 대한 관찰자이자 수호자이다."[3]

주석

1   막스 셸러, 「참회와 거듭남(Reue und Wiedergeburt)」 참조.

2   알렉산더 미처리히/마르가레테 미처리히, 『슬픔에 대한 무능력: 집단행동의 원리(*Die Unfähigkeit zu trauern: Grundlagen kollektiven Verhaltens*)』 참조.

3   세네카, 『루킬리우스에게 보내는 도덕적 편지들(*Epistulae morales ad Lucilium*)』, 41번째 편지.

7장   무조건적인 것

무엇이 행위를
선하게 하는가?

앞서 우리는 양심에 반하는 행위는 결코 선할 수 없음을 보았습니다. 한편, 양심을 따른 행위라고 해서 모두 선하지는 않음도 함께 보았습니다. 양심은 계시가 아닙니다. 하나의 기능일 따름입니다. 그렇기 때문에 그릇된 길로 빠질 수도 있습니다. 나아가 아무리 우리 내면을 깊이 들여다보고 성찰해 본들, 정말 그것이 양심의 목소리인지 아닌지 명확하게 알기는 어렵습니다. 외부의 어떤 판관도 우리가 실제로 양심에 따라 행위하는지는 판단할 수 없으며, 심지어 우리 자신조차도 절대적 확신을 가지고 판단할 수 없습니다. 양심은 선을 향한 인간의 응시입니다.

하지만 눈은 스스로를 볼 수 없습니다. 그래서 우리는 우리가 응시의 대상으로 삼는 것을 따를 수밖에 없습니다.

칸트는 "이 세상 안에서, 아니 이 세상 밖에서도 무제약적으로 선하다고 할 수 있는 것은 오직 선의지밖에 없다"[1]고 했습니다. 이 문장을 엄격하게 문자 그대로 보면, 우리는 곧바로 '도대체 선의지란 무엇인가'라는 질문을 하지 않을 수 없습니다. 물론 선의지란 '선을 의욕하는 의지'입니다. 하지만 그저 '선을 의욕하는 의지'라는 말만으로는 '선이란 무엇인가'라는 물음에 답을 할 수 없습니다. 흔히들 '어쨌거나 좋은 의도로 했느냐가 제일 중요하지'라고 말하죠? 이 말은 얼핏 보면 별로 해될 것이 없는 말 같습니다. 하지만 결코 그렇지 않습니다. 이는 온갖 불의와 악행을 정당화하면서 너무나 쉽게 갖다 붙일 수도 있는 말입니다.

어찌 보면 인간은 누구나 좋은 의도로 행위합니다. 어느 누구도 악을 악이어서 의욕하지는 않습니다. 모든 사람은 긍정적인 것을, 무엇이 되었든 가치 있는 것을 추구합니다. 쾌락이나 정신적 만족, 나아가 타인의 행복, 더 큰 정의 등등 무엇이든 가치 있는 것이 될 수 있습니다. 플라톤과 그 이후의 고대 철학자들 그리고 중세 철학자들은, 인간은 오로지 좋은 것, 즉 가치 있는 것을 향해서만 행동한다고 말합니다. 그러면 악은 인간이 좋은 것을 추구하는 과정에서 그릇되게 해악을 끼치거나 해악을 용인할 때 발생하는 것이 됩니다. 이런 경우는 타인에게 대가를 치르게 할 때 특히 잘 드러납니다. 예를 들어 큰 자선을 베풀려는 목적으로 도둑질을 한다거나 하는 경우 말이죠. 결코 의도가 좋다고 행위의 그릇됨이 사라지는 것은 아닙니다.

소위 '의도는 선했잖아'라는 말로 행위를 정당화하다 보면, 부정직^{不正直}을 키우게 됩니다. 앞서 말했듯, 우리는 악 자체를 목적으로 삼아 악을 지향하지는 않습니다. 본래는 악하지 않은 목적을 추구하는 과정에서 악을 수단으로 삼거나 혹은 허용할 때, 악은 발생합니다. 어떤 행위든 단순히 의도가 좋았다는 이유로 정당화된다면, 자기 행동의 부정적인 면을 가장 완벽하게 의식에서 지워 버린 사람이 가장 죄 없는 사람이 될 것입니다. 우리 모두는 우리 자신 속에 이런 면이 있음을 관찰할 수 있습니다. 결코 해서는 안 될 일, 내면 깊은 곳에서는 결코 원하지 않는 일을 하려고 할 때, 그 행위의 부정적인 면을 애써 지우고 오로지 긍정적인 면에만 초점을 맞추려 하는 것. 어쩌면 이는 인간의 전형적인 모습일 겁니다.

이처럼 우리가 억지를 부릴 때 이를 제어하는 것이 바로 양심입니다. 양심을 통해 우리는 우리 행위의 모든 면면을 돌아봅니다. 양심은 관심을 쏟으라는 요구입니다. 오로지 양심에 의해 강제된, 그래서 자기 행위의 실체에 직면할 수 있는 의지만이 선한 의지라 할 만한 것입니다. 선한 의지를 가지면 인간은, 소위 좋은 의도라는 미명 아래 자신을 속이지 않습니다. '관심 쏟기'의 거부, 악을 이렇게도 정의할 수도 있겠습니다. 그리고 악한 행위를 하는 사람은 자신이 무슨 짓을 하는지를 모르는 사람이라고 말할 수도 있습니다. 하지만 여기서 중요한 것은, 그런 사람은 자신이 무슨 짓을 하는지를 알고 싶어 하지도 않는다는 사실입니다. 악은 바로 이 지점에 존재합니다. 대놓고 드러내는 악한 의도에 존재하는 것이 아닙니다.

이제 우리는 '선한 행위란 어떤 것인가?'라는 물음에 답하기 위한 첫 번째 실마리에 간접적으로나마 접근하게 되었습니다. 행위가 선하려면 반드시, 관심 쏟기를 동반해야 합니다. 즉 흐리지 않은 맑은 눈으로 실재를 볼 수 있어야 합니다. 그러면 어떤 것이 우리의 눈을 흐리게 만들까요? 수많은 것이 있죠. 정신을 못 차릴 정도로 짜릿한 순간의 자극, 육체적 욕망이나 권력욕, 심지어는 이상理想도 그중 하나입니다. 오래전 종교재판관은 왜 이교도를 처단했을까요? 테러리스트는 왜 사람들을 공포에 떨게 하는 걸까요? 그들은 이상 때문에 이런 행위를 하는 것입니다. 그리고 그들은 자신의 행위가, 당하는 사람에게 어떤 의미를 지니는지에 관심 쏟기를 거부합니다. 종교재판관이나 테러리스트만 그런 것이 아닙니다. 우리 모두가 그렇습니다. 뭔가 유용한 것, 뭔가 도움이 되는 것, 뭔가 애착을 불러일으키는 것 등을 순간 순간 갈망하면서 우리는, 이런 고상한 충동에 따른 대가를 타인이 치르고 있다는 사실로부터 우리의 관심을 돌려 버리곤 합니다. 사실 우리는 일종의 약속 이행 맹세 같은 것을 하고 누군가에게 무언가를 베푼다면서 정작 그만큼의 짐을 다른 이에게 떠넘기고 있는 것입니다.

그런데 선 그 자체도 일종의 이상 같은 것 아닐까요? 만약 그렇다면 그 선이란 것은 어떤 것일까요? '선이란 무엇인가?'라는 대답하기 짝이 없는 질문을 마주할 때, 우리는 당혹감을 느낍니다. 플라톤은 선한 행위는 그 선함 때문에 선하다고 말합니다. 그리고 이는 명백하게 동어반복입니다. 그러나 어떤 의미에서 이런 동어반복은 피할 수 없습니다. 1958년에 세상을 뜬 영국의 무어라는 철학자는 선의 의미를 선이 아닌 다른 개념으로 정의하려는 시도에 대해 전면적으로 검토했습니다. 그리고 그런 시도를 '자연주의적 오류'라고 불렀습니다.[2] 그것이 오류인 이유는 마치 '파랑', '조용함', '고통' 등이 의미하는 바를 다른 어휘로 바꾸어 정의하려고 하는 것과 마찬가지이기 때문입니다. 위에서 나열한 단어들은 어떤 어휘로도 대체될 수 없는 것입니다. 그래서 선 역시 건강이나 조국의 번영, 아니면 쾌락의 최대화나 이기주의 혹은 이타주의 같은 것으로 정의될 수 없습니다. 앞선 1장에서처럼 논리적으로 따져 보면 그렇습니다.

물론 우리는 평상시에는 선한데 특정 상황에서는 그렇지 않은 경우를 생각해 볼 수 있습니다. 사실 이타주의라 해도 항상 선한 것은 아닙니다. 이기주의자가 아니더라도 정의롭고 공정한 심사숙고를 거쳐 타인이 아닌 자신을 우선순위로 두어야 할 때가 있습니다. 심지어 그걸 정당화하는 정도가 아니라 하나의 의무로 여겨야 할 때도 있습니다. "네 이웃을 네 몸과 같이 사랑하라"[3]라는 말은 '어떤 것보다도 네 이웃을 사랑하라'라는 말이 아닙니다. 선의를 베풀 때 너와 네 이웃 사이에 구분을 두어서는 안 된다는 말입니다. 누군가가 이 금언을 실제로 실천한다면 그는 이미 상당한 경지에 오른 사람이라 할 수 있을 겁니다.

자연주의적 오류는 선을 어떤 특정한 내용과 동일시해서 발생하는 것입니다. 도덕적 관점, 즉 선에 입각한 관점은 절대적 관점입니다. 거기에 무슨 특정한 내용이 있을 수 없습니다. 그것이 이 책 1장의 요지였습니다. 누군가는 "이 행위나 저 행위가 선한 것일 수 있다. 하지만 지금 이 순간 그게 문제는 아니다"라고 말할 수도 있습니다. 하지만 이는 얼토당토않은 말입니다. 선이 문제가 되지 않는 순간은 있을 수도 없고 있어서도 안 됩니다. 개별 가치나 내용은 모두, 상황에 따라 더 가치 있는 것에 자리를 내줄 수밖에 없습니다. 아마도 더 긴급한 일이나 더 근본적인 의무 같은 것이 그런 것이겠죠. 그래서 도덕적 관점이 하나의 부가적 관점, 즉 우리 행위를 이끌어 내는 이런저런 실천상의 고려 사항에 그저 덧붙여진 관점일 수가 없는 겁니다. 도덕적 관점은 그런 고려 사항들을 실재에 기반해서 올바르게 질서 짓는 것, 바로 그것입니다. 그런 의미에서 도덕성이란, 철학자 헹스텐베르크H.E. Hengstenberg의 말을 빌리면 '객관성' 같은 겁니다. 선한 행위는 실재를 치우침 없이

다루는 것이라 할 수 있습니다. 도덕에 대한 이런 해답은, 공허하다고까지 할 수는 없겠지만 매우 형식적으로 들리기는 합니다. 특정 상황에서 우리가 무엇을 해야 하는지를 명확하게 알려 주지는 않으니까요. 그런데 이 해답이 지향하는 바는 그런 것이 아닙니다. 이 해답으로 우리는 완전히 다른 원천을 통해 우리 행위의 구체적 내용을 바라보게 됩니다. 이 해답이 지향하는 것은 바로 교육을 거쳐 형성된 가치감, 바로 우리가 획득한 앎입니다. 의사의 의무에 관한 주된, 그리고 대부분의 가르침을 주는 것은 의학적 지식 자체입니다. 그런데 인술仁術이라 할 만한 환자와 의사 사이의 신뢰 관계에서 자연스럽게 생겨나는 의사의 도리Ethos[4]도 의사에게 가르침을 줍니다.

우리가 마땅히 해야 할 것과 하지 말아야 할 것을 객관적으로 판단할 때 마주치는 가장 큰 장애물이 있습니다. 그 판단의 순간에 우리의 이익은 잠시 제쳐 두어야 하는데 우리는 그런 마음이 부족하기 쉽습니다. 그래서 '다른 이에게 당하기를 원치 않는 일은, 너도 다른 이에게 행하지 말라'라는 도덕 규칙이 그리도 오래, 그리고 널리 받아들여지는 것입니다. 성경에도 황금률이라 일컬어지는 똑같은 규칙이 있습니다. '너희는 다른 이가 너희에게 해 주기 바라는 모든 것을, 너도 다른 이에게 그대로 행하라'[5]라는 것이 그것입니다. 저 유명한 칸트의 정언명령도 궁극적으로 이 규칙을 잘 다듬은 것에 지나지 않습니다. 우리는 이 규칙을 바탕으로, 우리는 특정 방식의 행위 주체이고 타인은 그 행위의 대상이라는 생각에서 벗어나야 한다는 원리를 되새깁니다. 그리고 우리가 누군가의 행위 대상이 될 때, 다른 모든 이가 이 규칙을 따라야 한다고 우리가 희망해도 좋은지를 성찰합니다. 황금률이나 그와 유사한 보편화 규칙의 모든 영역과 효과를 여기서 세세히 논하지는 않겠습니다. 버나드 쇼Bernard Shaw가 이런 우스갯소리를 하기도 했죠. "남이 너에게 해 주기 바라는 것을 남에게 행하지 말라. 그 사람은 너와 다른 취향을 갖고 있을 수도 있으니까."[6] 보편화 규칙이 테스트하려는 것은 실질적으로, 우리 자신의 경우에도 우리는 불편부당하게 판단하고 있는가, 하나뿐입니다. 사실 이

테스트는 소극적 방식일 수밖에 없습니다. 따라서 이 테스트에 통과한 모든 행위가 선한 것은 아닙니다. 그 테스트가 걸러 낼 수 있는 것은 오로지 원초적 형태의 이기주의밖에 없습니다.

선한 행위인지 아닌지는 그런 테스트로 결정되지 않습니다. 우리가 사물, 식물, 동물, 인간, 그리고 무엇보다 자기 자신과 상호작용할 때, 그 각각의 대상에 걸맞은 고유한 가치에 따라 대하느냐 아니냐가 선한 행위 여부를 결정합니다. 다시 말하면, 우리가 실재(현실)를 올바로 대하느냐의 여부에, 선한 행위의 여부도 달려 있다는 겁니다. 그중에서도 우리가 모든 인간을 목적 그 자체로 대하는지가 가장 중요합니다. 물론 우리는 끊임없이 다른 목적을 위해 서로를 수단으로 이용합니다. 노동 분업이 일상화된 문명에서는 당연히 그렇습니다. 그런데 여기서 정작 중요한 것은 그런 문명 체계에서도 그저 수단이기만 한 인간은 존재하지 않는다는 사실입니다. 인간은 경우에 따라 수단이 될 수도 있지만 그렇다고 해도 그 자체로 목적이라는 사실이 변할 수는 없고, 따라서 어느 누구도 단순히 하나의 도구로 전락할 수 없습니다. 즉, 인간은 이런 상호작용의 틀 안에서 언제나 자신의 목적을 추구할 수 있어야 합니다.

그래서 칸트가 이렇게 말한 것입니다. "인간은 가치가 아니라 존엄성을 지닌다."[7] 모든 가치는 통약 가능합니다. 이는 서로 양적으로 비교 계산할 수 있다는 뜻입니다. 반면 우리가 '존엄성'이라고 할 때는 양量이 아닌 질質을 말하는 것입니다. 우리는 어떤 방식으로도 계량적 평가가 불가능한 질적 존재입니다. 존엄성 그 자체가 모든 계량의 척도이기 때문에 그렇습니다. 여기서 인간의 존엄성은 6장에서 언급한 '인간은 그 자체로 의미의 총체이며 그 자체로 이미 보편성을 표출하는 존재'라는 생각과 연결됩니다. 인간 존엄성은 그것이 실제로 존재한다는 말만으로는 부족한 것입니다. 그것을 넘어서 양심을 통해 실재 전체를 두루 올바르게 대하겠다는 지향을 바탕으로 삼는 것이기 때문입니다. 인간은 언제든 도덕적으로 행위할 수 있는 잠재력을 지닌 존재입니다. 그렇기 때문에 무조건적인 존중을 받아야 합니다.

그래서 우리에게는 자기 존중의 의무가 있습니다. 그런데 인간이 자기 존중을 실행하려면, 인간 아닌 존재들 역시 올바르게 대하지 않으면 안 됩니다. 예를 들어 자신의 이익이나 쾌락을 위해 동물을 기르는 사람은, 그 동물들이 살아 있는 동안 각각의 본성에 걸맞은 삶을 살게 해야 할 책임도 스스로 져야 합니다. 더 가치 있게 사용될 수 있는 물건을 파괴하거나 전용轉用하려면 적어도 그에 상응하는 정당화를 거쳐야 합니다. 그 물건을 소유했다는 것만으로 그런 행위가 정당화되는 것은 아닙니다. 소유권이란 어떤 물건이 타인에 의해 좌지우지되는 것을 막고 소유권자 스스로 그것이 어떻게 쓰일지를 결정할 권리입니다. 내 물건이니 멋대로 사용해도 도덕적으로 문제가 없다는 뜻의 권리가 아닙니다. 다른 사람에게는 여전히 쓸 만한 물건을 내다 버리는 행위는 도덕적으로 언제나 그릇된 것입니다. 많은 사람은 여전히 쉽사리 빵을 내다 버리지 못합니다. 마치 마법에라도 걸린 것처럼 말이죠. 아마 이런 주저함은 과거 빵이 귀했던 시절에서 그 연원을 찾을 수 있을 것입니다. 그런데 이 사실이 우리에게 말해 주는 것은 무엇일까요? 이 사실로부터 우리는, 지나친 풍요 때문에 인간이 사물들의 진정한 가치를 보지 못하게 될 수도 있다는 걸 알 수 있습니다. 인간에게 결코 좋을 리 없죠.

'무엇이 행위를 선하게 하는가?' 이것이 우리의 질문입니다. 그리고 그 대답은 이렇습니다. '존재의 있는 그대로의 모습에 집중할 때 행위는 선해진다.' 사실 이런 종류의 대답은 언제나 자못 불만족스럽습니다. 애매모호할 뿐 아니라 현실에 적용하기도 어려워 보이거든요. 이런 대답으로는 구체적 상황에 우리가 뭘 해야 할지 정확히 알 수가 없죠. 하지만 뭘 해야 할지를 꼭 알아야 할 필요는 없습니다. 사실, 우리는 그런 구체적 상황에서 뭘 해야 할지 대부분 이미 알고 있습니다. 위 대답이 주로 하는 역할은 우리가 이미 알고 있었던 것을 되새기게 하는 것입니다. 우리가 꼭 해야만 하는 것은 대부분, '사물의 본질'이라고 일컬어지는 것으로부터 자연스레 따라 나옵니다.

약속은 반드시 지켜져야 함을 그 본질로 합니다.

약속을 하면 상대방은 그 약속을 믿고 의지하게 되죠. 애초에 우리가 약속을 하는 이유가 바로, 상대방이 그 약속을 믿고 의지하게 하기 위함입니다. 불가피한 상황이 아니라면, 부모는 어린 자식이 필요로 하는 것을 해 주어야 합니다. 어린 자식이라는 존재의 본질이 그러한 것이기 때문에 그렇습니다. 정작 자기 자식에게는 열쇠나 쥐여 줘 빈집에 홀로 있게 하고, 자신은 사회 심리학을 공부한답시고 그런 빈집에 홀로 있는 아이들에 관한 수업이나 듣고 있다면, 이는 사물의 본질에 어긋나게 행위하는 것입니다.

꼭 해야 할 일의 대부분은 우리에게 자명하게 드러난다고 앞서 말했습니다. 그럼에도 우리는 서로 상충하는 상황들과 마주칩니다. 의무와 의무가 충돌하는 경우도 있습니다. 심지어 약속을 지키지 않는 것이 더 옳은 경우도 있습니다. 더 긴급하고 더 중요한 일이 있는 경우에는 약속을 깨는 것이 정당화될 수 있겠지요. 단순하고 전형적인 상황에서 무엇을 해야 하는지를 아는 것은 그리 어려운 일이 아니지만, 실생활에서의 상황은 복잡다단합니다. 그 복잡다단한 상황에서는 꼭 해야만 할 다양한 일들이 서로 겹칩니다. 그러다 보면 우리가 짊어져야 할 다양한 책임도 서로 겹치죠. 하지만 이런 경우에도, 적절한 판단력과 정의에 대한 감각이 있다면 무엇이 더 중요하고 긴급한지 우리는 대체로 어렵지 않게 알 수 있습니다. 물론 언제나 그런 것은 아닙니다. 다 떠나서, 우리 책임의 범위 자체가 현실에서는 한번 정해지면 계속 유지되는 그런 것이 아닙니다. 앞서 보았듯 세계 전체와 인류 전체를 책임의 범위로 삼을 수도 없고요. 우리 행위가 야기하는 일체의 결과에 우리가 책임을 져야 한다는 말도 마찬가지입니다. 그럼에도 우리는 어느 특정 시점에 실제로 책임을 져야 하고 여기에는 수많은 요소가 개입합니다. 우리가 어떤 사람인지도 그 요소 중 하나입니다. 그래서 선한 행위의 최종 상한선은 정할 수가 없습니다. 대부분의 경우, 실제로 한 행위보다 더 좋은 행위가 있기 마련이니까요. 사람은 언제나 할 수 있는 최상의 행동을 해야 할 의무가 있다는 말은 완전히 틀린 것입니다. 한마디로 이는 불가능한 것입니다.

　상한선은 정할 수 없지만, 그래도 하한선은 정할 수 있습니다. 행위 중에는 인간 존엄성을 예외 없이 해치는, 그리고 인간의 본질적 성격 ―인간 그 자체가 목적인― 을 예외 없이 뿌리째 뒤흔드는 것이 있습니다. 이런 행위는 이른바 더 높은 층위의 의무나 더 넓은 범위를 포괄하는 책임을 들먹인다고 정당화될 수 있는 것이 아닙니다. 왜냐하면, 인격은 순수하게 정신적인 것이 아니라, 본성적으로 육체와 언어를 매개로 한 것이기 때문입니다. 육체와 언어가 인격의 표상임을 간과하고 다른 목적을 위한 한낱 수단으로만 취급하면, 인격 그 자체도 그저 수단이 될 뿐입니다. 그래서 의도적이면서도 직접적인 나쁜 행위, 이를테면 살인, 고문, 강간, 그리고 특정 목적을 가지고 성^性을 유린하는 행위 등은 모두 무조건 그릇될 수밖에 없는 겁니다. 또 그렇기 때문에 자신을 올바르게 신뢰하는 사람에게 거짓말하는 것이 용납되지 않는 겁니다. 이런 행위를 하는 사람은 언어를 도구화해서, 언어로 자신을 표상하는 존재로서의 인격을 스스로 소멸시키는 사람입니다. 나아가 그런 사람은 실재를 올바르게 대하려는 타인의 기회까지 앗아 버립니다. 타인이 실재와 마주하는 것을 의도적으로 방해하면서 말이죠. 예를 들어, 상대에 대한 진지함과 믿음을 가지고 자신의 병세를 묻는 환자에게 거짓을 말할 수 있는 권리는, 어느 누구에게도 없습니다. 만약 거짓을 말한다면 그것은 환자가 자신의 운명과 화해할 수 있는 기회를 앗아 버리는 셈이 됩니다.

허용 수위를 낮추는 식으로 좋은 행위의 범위를 넓혀도 안 됩니다. 진실을 말한다고 무조건 그것이 좋은 행위가 되는 것은 아니죠. 사랑과 선의로 진실을 말하는 사람도 있는 반면, 진실을 무기로 삼아 악의로 말하는 사람도 있으니까요. 좋은 의도가 항상 좋은 행위로 이어지지는 않지만, 좋은 의도와 태도 없이 좋은 행위가 나올 수는 없습니다. 사실 우리 주변에서는 우리 생각보다 더 많은 좋은 행위가 일어납니다. 그런 행위는 무조건적으로 좋은 행위들입니다. 우리는 그런 행위를 눈을 크게 뜨고 봐야 합니다.

왜냐하면, 그런 행위만큼 우리의 도덕성을 고무시키는 것도 없으니까요. 제가 무슨 대단한 사례를 생각하고 있는 것은 아닙니다. 찾기 어려운 길을 물었을 때 자신이 하던 일을 멈추고 나와 5분간 함께 걸으며 길을 알려 주는 젊은이의 행위 같은 것. 이런 행위는 너무 사소한 것이어서 언급할 가치조차 없는 것일는지도 모르죠. 하지만 이는 무조건적으로 아름다운 행위입니다. 그리고 이런 행위 하나하나가 이 세상이 존재하는 이유이기도 합니다. 이 젊은이가 무슨 대단한 도덕적 추론을 거쳐 이런 행위를 한 것이겠습니까? 그저 자신의 머리에 떠오른 생각대로 행위한 것일 뿐입니다. 그리고 그가 그런 사람이기 때문에 그런 행위가 그의 머리에 떠오른 것입니다.

 'agere sequitur esse'라는 중세 철학의 격언이 있습니다. '존재는 행위에 앞선다'라는 뜻입니다. 한마디로, 행위가 선한 것이 아닙니다. 사람이 선한 것이죠. 그리스도교 전통에서는 사람을 선하게 만드는 것을 '사랑'이라고 부릅니다. 사랑은 실재에 대한 근원적 긍정입니다. 사랑에서 보편적 선의가 나옵니다. 그리고 이를 통해 우리 자신이 더 이상 세상의 중심이 아니라는 것을, 그리고 이 선의가 우리 자신에까지 흘러넘쳐 있다는 것을 알게 되죠. 또 잘 살기 위해서는 우리 자신과 화해해야 합니다. 그럼에도 사랑을 기준으로 삼으면, 우리는 모두 그저 조건적으로 선할 수밖에 없습니다.

앞서 말했듯, 특정 상황에서 선한지 아닌지는 무엇보다 그 상황에 처한 사람이 누구냐에 따라 결정되기도 합니다. 예를 들어 배를 타고 가다 다친 사람이 생겼을 때, 아마 사람들은 "여기 의사 없어요?"라고 물을 것입니다. 만약 의사가 타고 있다면 그는 반드시 다친 사람을 도와야 합니다. 이런 원칙은 다른 비슷한 경우에도 적용됩니다. 세상에는 남다른 통찰력을 지닌 사람들이 있죠? 이런 사람들은 다른 이에게 좋은 조언을 해 줄 의무가 있습니다. 한편 유독 뛰어난 가치감을 지닌 사람도 있습니다. 다른 사람이라면 별다른 비난을 받지 않을 만한 일이라도, 그들이라면 하지 말아야 합니다. 마찬가지로, 하지 않아도 별다른 비난을 받지 않을 만한 일도 그들이라면 해야 합니다. 또 타인들을 책임져야 하는 사람들도 있습니다. 다른 사람이라면 물론 그럴 필요가 없습니다. 이는 모두 그들이 다른 이는 보지 못하는 것을 보는 사람들이기 때문에 그런 겁니다.

'존재는 행위에 앞선다'고 했습니다. 존재에는 서열이 있습니다. 사람도 마찬가지죠. 세상에는 도덕적으로 더 훌륭한 사람들이 있습니다. '그런 이는 다른 이보다 더 많은 일을 해도 괜찮다'로는 부족합니다. 그런 이는 '마땅히' 그렇게 해야 합니다. 왜냐하면, 그들에게는 더 많이 할 수 있는 역량과 더 많이 보고 이해할 수 있는 안목이 있으니까요. 그런데 재미있게도 그런 사람들은 자신이 더 나은 사람이라고 생각하지 않는 경우가 많습니다. 자신이 알고 있는 것과 실제로 할 수 있는 것의 차이가 너무 크기 때문에 오히려 그 괴리감에 괴로워합니다. 한마디로, 그들은 더 세련된 양심을 지니고 있습니다. 그리스도교는 사람들에게 죄책감을 심어 준다고 비난하는 이들이 있습니다. 반은 맞고 반은 틀린 얘기입니다. 그리스도교는 가치감을 높여 주고 사람들이 실재를 더 잘 감지하도록 해 줍니다. 무지의 소치로 불의를 행하고 선을 배제할 가능성을 줄여 주죠. 그런데 빛이 밝으면 그림자도 짙어지기 마련입니다. 우리 모두는 그림자를 드리우는 존재들입니다. 신약성서에 '하느님 외에는 어느 누구도 선하지 않다'[8]라는 구절이 있습니다. 아낙시만드로스Anaximandros라는 고대 그리스 철학자는 예수보다 수 세기 앞서 이미 이를 알고 있었습니다. 그리고 이렇게 말했죠. "만물은 시간의 질서에 따라 자신이 생겨난 곳, 즉 소멸의 상태로 다시 돌아간다. 그렇게 만물은 서로 자신의 올바르지 못함에 대한 대가를 치른다."[9] 이 말의 뜻은 이렇습니다. 모든 존재는 생겨나는 순간 그만큼의 자리를 차지하고 그 자리는 다른 존재의 자리를 빼앗은 것이다. 그래서 모든 존재는 단지 존재한다는 이유만으로 죄를 짓는 것이다. 그리고 시간의 흐름에 따라 자기 자리를 내줌으로써, 즉 소멸함으로써 그 죗값을 치른다.

단지 존재한다는 이유만으로 죄를 짊어진다는 이런 신화적 사고를 우리가 완전히 납득할 수는 없겠죠. 우리 인간이라는 존재는 스스로 세상의 중심이라고 착각합니다. 이 착각을 완전히 떨쳐 극복하기는 정말 어렵습니다. 우리가 보지 못하는 사각지대는 분명 존재합니다. 또 우리에게는 타고난 무신경함도 있죠. 이런저런 방식으로 우리 모두는 서로 상처를 주면서 살아갑니다. 어느 누구도 명확하게 죄와 무죄를 가름하는 선을 그을 수는 없습니다. 왜냐하면, 모든 죄악에는 무신경함이 깔려 있고 무신경함은 심리적 억압에 기초해 있는 것이기 때문에 그렇습니다. 망각은 의식적인 것일까요, 아니면 무의식적인 것일까요? 상관없습니다. 어쨌거나 우리는 서로 죄를 짓고 살아가는 존재들입니다.

하지만 사람과 사물에 죗값을 치르도록 하는 냉혹한 정의의 수레바퀴를 초월해서 존재하는 것도 있습니다. 인간에게는 죄라는 자신의 한계를 인정하고, 잘 모르고 나를 나쁘게 대한 타인들을 이해하고 용서할 수 있는 힘이 있습니다. 예리한 정의만 존재하는 것이 아니라 용서와 화해도 존재합니다. 선한 행위를 아무리 많이 한다 해도, 삶 전체가 모두 선한 인간은 존재할 수 없다는 사실이 바뀌지는 않습니다. 그래서 우리 모두에게는 관용이, 나아가 용서가 필요한 것입니다. 하지만 불의에 눈감지 않으면서 기꺼운 마음으로 무조건적인 용서를 행할 준비가 되어 있는 사람만 용서를 말할 자격이 있습니다. '정신의 상처는 흉터 없이 치유된다'는 헤겔의 말[10]이 의미하는 것이 바로 이것입니다.

주석

1   이마누엘 칸트, 『윤리형이상학 정초』, 1절, B1.

2   G. E. 무어, 『윤리학 원리(*Principia Ethica*)』, 1장, 10절.

3   「레위기」, 19장, 18절, 「마태복음」, 22장, 39절.

4   'Ethos'는 고대 그리스어로는 'ἔθος'로 '윤리', 즉 영어 'ethics'의
     어원이다. 그러나 그 원의는 윤리보다는 훨씬 더 광범위한 것
     으로, 한 사회, 혹은 집단의 관습, 관행, 정신, 성질, 기풍 등을
     의미하기도 한다.

5   「마태복음」, 7장, 12절.

6   버나드 쇼, 『혁명가를 위한 격언(*Maxims for Revolutionists*)』 중 「황
     금률(The Golden Rule)」절.

7   이마누엘 칸트, 『윤리형이상학 정초』, 제2절, B77-78.

8   「마태복음」, 19장, 17절, 「마가복음」, 10장, 18절, 「누가복음」,
     18장, 19절.

9   『단편』, 「심플리키오스(Simplicius)」, DK12A9, B1.

10   G. W. F. 헤겔, 『정신현상학』, 6장, 3-3 「양심, 아름다운 마
     음, 악과 그 용서」 중.

8장 내맡김

우리가 어쩔 수 없는 것을
대하는 태도

현대 윤리학에서는 이 장의 주제를 거의 다루지 않습니다. 그래서 윤리학에 속하지 않는 것처럼 보이기도 합니다. 이 장에서 다룰 주제는 바로 '운명'입니다. 기본적으로 윤리학은 우리의 행위를 다룹니다. 그리고 행위는 우리가 하는 것이죠. 그래서 우리와 무관하게 존재하는 것을 윤리적으로 고찰한다는 것 자체가 그리 적절치 않은 것 같기도 합니다. 그럼에도 시대를 막론하고 많은 사상가는, 인간이 자신과 무관하게 존재하는 운명과 맺는 올바른 관계가 가장 중요하다고 말합니다. 다음은 헤겔이 교수자격 논문에서 하는 말입니다. "도덕학(윤리학)의 출발점이

자 첫 번째 원리는 우리가 운명에 대해 품어야 할 경외심이다."[1]

운명의 문제를 어떻게 이해해야 할까요? 우리가 도저히 어쩔 수 없는 일이 어떻게 실천적 고찰의 주제가 될 수 있을까요? 아무리 생각해 봐도 결과를 바꿀 가능성이 실질적으로 전혀 보이지 않는 것이 바로 운명인데 말이죠. 그러면 이런 대답은 어떨까요? 우리가 보았듯 인간의 행위는, 아무런 영향력도 없이 사건과 사건의 거대한 연결고리 전체 속에 흡수되어 버리는 것이 아니라는 점에서 존엄성을 띱니다. 오히려 모든 인간 각각의 삶이 그 자체로 의미의 전체입니다. 그래서 각 개인은 자신의 행위에 대해 무조건적인 책임을 져야 합니다. 어쩌면 시험 삼아 한번 해 보는 행위도 있을 수 있습니다. 어떤 행위의 결과를 도저히 예측할 수 없는 경우도 있을 수 있습니다. 하지만 이런 경우라도, 우리가 지금 여기서 이것이나 저것을 했다는 사실, 또는 하지 않았다는 사실을 돌이킬 수는 없습니다. 그리고 우리가 했던 행위는 영원히 우리 삶의 일부분이 됩니다. 우리가 마땅히 책임져야 하는 것이 바로 이런 것입니다.

하지만 동시에, 우리의 모든 행위가 실은 사건과 사건의 거대한 연결고리, 우리가 어쩔 수 없는 그 연결고리의 그저 한 부분에 지나지 않는 것이라 생각하면 우리는 어떻게 책임을 질 수 있을까요? 인간의 자유를 절대적 독립으로 이해하면 우리에게는 오직 하나의 행위만 남습니다. 바로 자살입니다. 자살을 하면 우리는 세계 운동의 궤적으로부터 벗어나게 됩니다. 그러나 자살을 하게 되면 바로 자살의 목적인 자유를 다시 부정하게 됩니다. 자살을 통해 자유는 스스로를 소진합니다. 그리고 더 이상 존재하지 않게 됩니다.

게다가 실재와 관계 맺을 것이냐 말 것이냐는 기본적으로 행위자가 선택할 수 있는 것이 아닙니다. 행위를 한 바로 그 순간, 행위자는 이미 실재와 관계를 맺습니다. 다시 말해서 행위를 시작하자마자 과거의 것이든 미래의 것이든 이미 운명을 받아들이고 있는 것입니다. 왜 그럴까요? 인간의 행위는 결코 아무 전제 조건 없이 이루어질 수 없기 때문입니다. 다시 말해서, 무無에서 출발하거나 무로 돌아가기 위한 행위는 존재하지 않습니다. 행위에는 언제나 조건이 주어지기 마련입니다. 정치를 예로 들어 볼까요? 이른바 정치꾼들이 있습니다. 조건이 제대로 갖춰지지 않아서 지금은 마음먹은 대로 자신의 정치를 할 수 없다고 변명하는 이들 말이죠. 그런 사람들은 정치적 행위가 무엇을 의미하는지 이해하지 못하고 있는 것입니다. 정치적 행위라면 언제나 자신의 선택을 벗어난 주어진 조건하에서 무언가 의미 있는 일을 하는 것입니다. 다시 말해서, 주어진 조건하에서 최선을 다하는 것입니다. 물론 그 조건 자체를 변화시키려는 노력 역시 의미 있는 일 중 하나입니다.

사실 인간이 짐승과 다른 점은 바로, 자신의 행위 조건을 행위를 통해 끊임없이 변화시킨다는 것입니다. 이 과정을 우리는 역사라고 부릅니다. 하지만 이렇게 자신의 행위 조건을 변화시키려면, 우선 우리 행위에 주어진 틀을 받아들여야 합니다. 그럴 수 없거나 그러길 원치 않는 사람은 미성숙한 상태에 머물러 있는 것입니다. 행위상의 외적 틀도 주어진 조건 중 하나이지만, 우리 자신의 본래적 존재성, 우리 삶의 이력도 역시 주어진 조건 중 하나입니다. 변화시킬 수 없는 것은 우리 외부의 세계만이 아닙니다. 우리 자신도 어느 정도까지는 변화 불가능한 그대로일 수밖에 없습니다. 물론 누군가가 잘못을 저지르고는 "난 원래 그런 놈이야"라고 말하는 것은 치졸한 변명입니다. 우리의 본래적 존재성은 그 역량이 명확히 정해져, 딱 그만큼만 행위하는 그런 것이 아닙니다. 행위를 통해 끊임없이 다듬을 수 있는 것입니다. 그렇다고 그 행위가 제로베이스에서 시작하는 것도 아닙니다. 또 우리가 마음먹는다고 뭐든 다 할 수 있는 것도 아닙니다.

본성상의 한계는 우리가 살아가면서 인식하는 것입니다. 그리고 간접적이기는 하지만 우리의 행위 하나하나가 우리 자신을 형성하기 때문에, 모든 행위는 또한 자기 형성의 형식이 됩니다. 다시 말해서, 과거의 행위는 우리에게 운명과 비슷한 것으로 다가오게 됩니다. 이 점을 마음에 새기는 것이 중요합니다. 올바르게 살려면, 우리가 행하는 모든 것 ―모든 말, 모든 제스처, 우리가 읽는 모든 책, 우리가 보는 모든 TV 프로그램, 우리가 안 하고 넘겨 버린 모든 일 등등— 이 우리 자신을 형성할 뿐 아니라 한번 행하면 돌이킬 수 없는 것이라는 점을 분명하게 인지하고 있어야 합니다. 물론 이미 벌어진 어떤 일은 엄청나게 중요하게 여겨지다가도 나중에는 별것 아닌 게 되기도 합니다. 또 지나간 것은 잊고 새로운 길을 찾기도 하죠. 그러나 행위를 하기 전과 행위를 한 후의 세상은 결코 같을 수 없습니다. 그렇게 우리 자신의 행위는 시간의 흐름과 함께 운명의 모습을 띱니다. 그걸 원치 않는 사람은 아예 행위 자체를 하지 말아야 할 겁니다. 그래도 소용없습니다. 그 하지 않음이 또 그의 운명이 되어 버릴 테니까요.

우리가 자율적 존재임을 체감하지 못하게 만드는 것이 또 있습니다. 행위와 관련해서 우리가 통제하지 못하는 것은 과거만이 아닙니다. 우리는 미래도 통제할 수 없습니다. 특히 미래와 관련해서, 우리는 자신의 운명을 기꺼이 받아들이지 않고서 결코 행위를 할 수 없습니다. 이는 쉽게 이해할 수 있는 것입니다. 행위가 야기할 장기적 결과를 우리가 통제할 수 없다는 간단한 사실로부터 따라 나오는 것이기 때문입니다. 프로 바둑기사도 호적수를 만나서 바둑을 둘 때는 게임이 어떻게 흘러갈지 쉽게 예측하지 못합니다. 그가 두는 수 하나하나는 상대의 응수를 어렵게 하기 위해 두는 것일 뿐입니다. 게임이 애초의 전략대로 흘러가는 법은 없습니다. 마찬가지로, 행위가 장기적으로 그리고 궁극적으로 어떤 결과를 야기하는지 우리는 알 수 없습니다. 우리가 바랄 수 있는 것은 그저, 우리의 의도가 후대 사람들에게 제대로 반영되어 얼마간이라도 유지되는 것 정도입니다. 결과적으로 그들에게는 우리가 그들 운명의 한 부분이 되는 셈이죠. 그들도 마찬가지로 우리 운명의 한 부분이 되고요. 하지만 이런 운명도 우리가 좌지우지할 수 있는 그런 것은 아닙니다.

그러므로 행위를 한다는 것은 언제나 자기를 놓아주는 것, 즉 자신과 자신의 의도가 스스로 통제할 수 없는 것임을 깨닫고 그것을 내려놓는 것입니다. 그런 점에서 유한한 우리의 행위는 언제나 죽음을 위한 예행연습이 될 수밖에 없습니다. 행위와 고통을 선명하게 나눌 수 있는 기준은 실질적으로 존재하지 않습니다. 행위 자체가 고통과 직접 연결되어 있습니다. 만약 그렇다면, 개개인의 삶이 의미의 전체임이 그럼에도 여전히 진실로 남아 있어야 한다면, 그 역逆도 역시 진실이어야만 합니다. 다시 말해서 고통 그 자체 역시 행위의 한 형식이어야만 합니다. 우리 행위는 운명이라는 외적 힘에 흡수되거나 혹은 무화無化되기도 합니다. 마치 커다란 호수에 던져진 돌이 만들어 내는 동심원의 물결처럼 말이죠. 하지만 한편 우리는 우리에게 벌어지는 일들, 즉 운명과 의식적이면서도 명료하게 관계를 맺을 수 있습니다. 그제야 우리는 운명을 우리 삶의 의미로 받아들이게 됩니다.

이는 어떤 그림일까요? 우리는 우리에게 벌어지는 일과 어떤 식으로 관계를 맺을 수 있을까요? 제 생각에 세 가지 가능한 선택지가 있습니다. 그리고 저는 그 선택지를 광신주의, 냉소주의, 그리고 내맡김이라 칭하겠습니다.

    광신주의자는 의미란 오로지 우리 자신이 만들어 내고 실현하는 것이라 주장하는 사람입니다. 인간은 자신이 거부할 수 없는 운명의 힘에 휘둘리는 존재라는 사실에 직면했을 때도, 광신주의자는 그 사실을 받아들이려 하지 않습니다. 그리고 주어진 조건을 변화시키거나 아니면 파괴하려 합니다. 미하엘 콜하스Michael Kohlhaas[2]는 광신주의자가 되어 버린 사람입니다. 그는 자신이 겪은 부당함에 아무런 대응도 할 수 없는 자신을 받아들이지 않고, 정의를 다시 세우기 위해 온 세상을 불사르려 합니다. 자신의 행위에 어떠한 도덕적 제한도 두지 않는 혁명가들은 모두 광신주의자입니다. 왜냐하면, 세상의 의미 자체가 오로지 자신의 행위를 통해서만 생겨난다고 생각하기 때문입니다. 하지만 어떤 도덕이든 도덕적 견지에서 보면, 각각의 인간 존재가 생겨난 바로 그 순간에 이미 의미는 존재하는 것입니다. 그렇지 않으면 의미 있는 행위를 하고자 하는 모든 시도가 허사가 될 것입니다. 광신주의자는 마치 히틀러처럼 이렇게 말합니다. "우리가 멸망한다면 세계 역사도 그 의미를 잃고 말 것이다."

광신주의자의 반대편에 서 있는 사람은 냉소주의
자입니다. 그런데 실제로 그 둘은 서로 혼동하기 쉽
습니다. 냉소주의자는 실재를 제쳐 두고 의미를 택
하는 사람이 아니라 의미를 제쳐 두고 실재를 택하
는 사람들입니다. 그들은 의미 따위는 아예 거들떠
보지도 않습니다. 그리고 행위도 그저 기계처럼 작
동되는 일련의 사태로 취급합니다. 그들은 강자의
법칙을 믿습니다. 냉소주의자의 예로, 자신들과 동
맹을 맺어 스파르타에 대항하라고 작은 섬 멜로스를
협박한 고대 아테네인들이 있습니다. 그들은 그렇
게 하지 않으면 남성 모두를 죽이고 여성과 아이들
은 노예로 삼아 버리겠다고 멜로스인들을 협박했죠.
그런 행동은 정의롭지 못한 것이 아니냐는 멜로스인
들의 항의에 아테네인들은 이렇게 대꾸합니다. "네
가 말하는 정의란 무엇인가? 정의는 오직 힘이 대등
할 때만 존재하는 것이다. 너희들은 약하고 우리는
강하다. 그것이 모든 것을 결정한다." 이런 것이 냉
소주의입니다. 여기에는 어떤 이념도 별무소용別無所用

입니다. 이념이라면 최소한 형식적으로나마 정의 정도의 도덕 원칙은 받아들입니다. 비록 그 원칙이 특정 이해관계에 따라 왜곡되기는 하지만 말입니다. 설령 그렇게 왜곡된다 해도 그 이념이 말을 통해 구성되는 한 그 말에 책임을 지지 않을 수는 없고, 원칙의 왜곡도 밖으로 드러나기 마련입니다. 당연히 문제 삼는 이와 비판하는 이가 생길 수밖에 없습니다. 그런데 냉소주의자는 이에 아랑곳하지 않습니다. 왜냐하면, 애초부터 그는 일체의 실재가 무의미하다는 쪽이니까요. 이렇게 말할 수도 있을 것입니다. 광신주의자는 입에 거품을 물고 냉소주의자는 비웃음을 흘린다고 말이죠. 그런데 광신주의자가 종국에는 냉소주의자가 되어 버리는 경우도 흔히 있습니다. 자신이 맞서 싸우고자 했던 실재가 자신을 압도하는 경험을 하고 나면 그렇게 되죠. 사실 광신주의자와 냉소주의자는 애초부터 하나입니다. 우리 행위를 둘러싼 실재, 실은 행위 이전부터 존재하고 또 행위 이후의 결과물이 되기도 하는 그 실재가 궁극적으로 무의미한 것이라 생각한다는 점에서 보면 그렇습니다.

그래서 우리 행위가 의미 있는 것이 되려면 반드시, 실재가 행위의 틀을 형성한다는 긍정적 관점을 갖지 않으면 안 됩니다. 의미를 주장하는 광신주의자에게는 이런 관점이 별문제가 되지 않을 수 있지만, 냉소주의자의 경우는 완전히 다릅니다. 냉소주의자에게는 극단적인 회의주의자만큼이나 논증이 먹혀들지 않습니다. 우리가 할 수 있는 것은 그들을 그냥 내버려두는 것입니다. 하지만 그가 누군가에게 해악을 끼친다면 반드시 그와 맞서야 합니다. 논증은 냉소주의자를 구제하는 방법이 아닙니다. 그에게 의미의 세계를 열어 보여 주는 것, 그리고 가치의 세계를 경험하도록 하는 것이 해 줄 수 있는 전부입니다. 아마 사랑이 그를 구제해 줄 수 있을지 모릅니다. 하지만 그가 스스로 사랑을 갈구할 때, 그리고 냉소주의가 자신에게서 삶의 의미를 앗아 가 버리는 질병이라는 걸 깨달을 때만, 사랑이 그를 구제할 수 있습니다.

인간이 운명에 대해 취할 수 있는 합리적 태도는

제가 '내맡김Gelassenheit'3이라고 표현하는 태도입니다. 오래전부터 면면히 전해 내려온 전통 있는 철학적 가르침이죠. 이 말은 원래 중세 독일의 신비주의에서 유래한 것으로, 알고 보면 매우 간단한 개념입니다. 내맡김이란 우리가 어쩔 수 없는 것을 우리 행위의 의미 있는 한계로 여기고, 우리 자신의 의지와 화해시키려는 태도입니다. 다시 말해서, 그 한계선을 인정하고 받아들이는 태도라 할 수 있습니다. 어찌 보면 그다지 특별할 것 없는 얘기인 듯 보이죠? 어차피 우리가 어쩔 수 없는 일들은 그걸 받아들이든 말든 결국 일어나니까요. 맞는 말입니다. 하지만 바로 그렇기 때문에 우리는 그 어쩔 수 없는 일들과 화해해야 합니다. 그렇지 않으면 우리 자신과도 화해할 수 없습니다. 나 자신이라는 바로 그 실존Dasein과, 나라는 본질So-Sein, 그 자체가 우리의 운명입니다. 운명을 받아들이지 못하는 사람은 자기 자신도 받아들일 수 없습니다. 그리고 자신과의 화해 없이 우리는 좋은 삶을 영위할 수 없습니다.

　스토아 철학자들이야말로 내맡김의 가르침을 꽃

피운 사람들이었습니다. 특히 에픽테토스^{Epíktētos}와
세네카는 운명을 받아들일 때에야 인간은 궁극적으
로 자유를 획득할 수 있다고 말하며 내맡김의 태도
를 칭송했습니다. 그들은 어쩔 수 없이 일어나는 일
들을 기꺼이 받아들이면, 자신의 의지에 반하는 어
떤 일도 경험하지 않게 된다고, 그리고 신의 자유에
버금가는 자유를 획득하게 된다고 주장합니다. 스
토아적 성인^{聖人}이 도달할 수 있는 최고 이상은 평정
^{Apatheia}으로 일체의 고통과 정념에서 벗어난 상태를
의미합니다. 물론 이런 태도가 인간의 행위, 특히 열
정적으로 자신의 삶을 개척하려는 행위를 심각하
게 위축시킨다며 반대를 표하는 사람도 있을 수 있
겠죠. 사실 스토아 철학자들은 무정념^{無情念}을 주장했
습니다. 그래서 심지어는 연민의 정념도 거부했습니
다. 그들은 인간이라면 오로지 순수한 도덕적 이성
에 따라서만 행위해야 한다고 힘주어 말합니다. 그
런데 정념 역시 인간의 고유한 본성 중 하나입니다.
그리고 스토아 철학자들은 우리는 스스로 본성을 받
아들여야 한다고 말합니다. 그러나 논리적으로 보

면, 정념 또한 본성의 일부이기 때문에 그들은 정념을 받아들여야만 합니다. 또, 오직 진정한 개척 정신을 가지고 행위하는 사람만이 진정으로 가능한 한계를 찾아낼 수 있습니다. 그런 사람은 불가능에 굴복할 수밖에 없는 바로 그 순간까지 가야, 그것이 진정 불가능하다는 것을 압니다. 물론 이런 굴복은 스토아 철학자들이 말하는 평정의 상태보다 더 고통스러운 것입니다. 진정으로 애착을 가졌던 것을 포기해야 하기 때문에 그렇습니다.

그리스도교 교리와 스토아 철학이 달라지는 지점이 바로 여기입니다. 세상의 모든 지혜로운 가르침이 그렇듯, 그리스도교도 운명에의 복종을 가르칩니다. 그러나 다른 가르침과는 달리 그리스도교는 위대한 실재론을 가르치는 한편 새로운 동기도 함께 가르칩니다. 인간의 본성적 주체성이 지닌 한계는, 이 실재론을 바탕으로 올바르게 획정되어야 합니다. 그런 점에서 내맡김에 도달한 사람은, 자신이 얻지 못한 포도는 시큼털털할 것이라며 신을 기만하려 하지 않습니다. 그렇다고 그가, 자신이 의도한 것의 성공 여부에 대해 그다지 마음을 쓰지도 않고 무관심한, 스토아적인 사람은 아닙니다. 그래서 그의 실패는 매우 극적으로 드러납니다. 구약성서에는 욥Job이 하느님과 싸우면서 절망 속에서 원망을 쏟아 내는 이야기가 나옵니다. 냉소주의자가 아니었던 욥은 실재가 하느님이 역사役事한 것이라면 무의미할 수 없다고 절규합니다. 하지만 그는 그 의미를 찾지 못했죠. 이때 하느님은 악어와 하마를 창조한 것은 욥이 아니라 하느님 자신임을 일깨워 줍니다. 그리고 욥은 하느님의 무소불위의 힘 앞에 결국 무릎을 꿇게 됩니다.[4] 마찬가지로 예수 또한 죽음의 공포 속에서 자신의 목숨을 위해 간절히 기도하다가 결국 이렇게 말합니다. "제 뜻대로가 아니라 당신 뜻대로 하옵소서."[5] 스토아적 성인과는 확연히 다른 모습입니다.

어쩔 수 없는 일에 맞닥뜨릴 때 그것을 받아들이는 것, 그것이 진정 인간적인 것이 되려면, 그 일이 참으로 어쩔 수 없는 것임이 입증되어야 합니다. 그리고 그 입증은 오직 그 한계에 온몸으로 맞선 사람만 할 수 있는 것입니다. 상처받을까 봐 겁을 먹고 그

가능한 한계를 넓혀 보려는 시도조차 하지 않는 사람에게는 불가능한 것입니다. 내맡김은 숙명론이 아닙니다. 내맡김은 실패조차도 의미 있는 것으로 받아들이는, 행위자의 굳센 의지입니다. 현실은 우리를 행위하게 하지만 다른 한편 그 행위에 좌절을 안깁니다. 그래도 우리는 그런 현실과 우리 행위 사이에 근원적인 간극이 있다고 섣불리 단정해서는 안 됩니다.

종교의 두드러진 특징 중 하나는 위 두 측면을 동일한 기초 위에 놓고 보는 것입니다. 신은 인간에게 부과된 도덕적 요구의 원천이자 그 요구의 정당성을 보증하는 존재입니다. 그런데 다른 한편으로 그는, 역사의 주인, 즉 주님으로 경배받습니다. 이 말의 뜻은 우리가 선한 의도로 행한 것이 실패로 귀결될 때조차도 그는 여전히 경배받아야 한다는 뜻입니다. 게다가 그는 —이것이 가장 중요합니다— 선한 의도와 세계의 운동 사이에서 이루어지는 궁극적 조화를 보증합니다. 저는 이것이 무엇보다 중요한 요점이라고 말하고 싶습니다. 데카르트R. Descartes는 항상 나를 속이는 악령genius malignus에 대해 말했습니다.[6] 이를 본떠 이런 악령을 한번 상상해 봅시다. 체계적으로 우리의 모든 선한 의도를 항상 정반대로 만들어 버리는, 우리의 모든 선한 행위를 항상 나쁜 결과를 낳는 것으로 만들어 버리는 그런 악령을 말이죠. 그런 세상에서라면 우리는 어떠한 도덕적 행위도 할 수 없을 것입니다.

그러므로 선한 행위는 필연적으로, 세상이 그렇지 않다는 믿음, 그리고 선은 결국 선을 낳는다는, 적어도 일반적이자 장기적으로 보면 그렇다는 믿음하에 이루어집니다. 그래야 비로소 선한 행위가 의미를 갖게 됩니다. 그래야 비로소 선한 행위가 지닌 고유한 의미가 세계가 굴러가는 과정 중에 훼손되지 않을 수 있습니다. 그 믿음은 악은 궁극적으로 승리할 수 없다는 믿음 없이는 존립할 수 없습니다. 이런 믿음이 없으면 우리의 모든 선한 의도는 결국 악에 의해 가로막힐 것입니다. 그래서 사악한 의도도 길게 보면 정반대로 바뀌어 오히려 선에 기여하게 된다는 생각 역시, 놀랍게도 신에 대한 믿음에 속하게 됩니다. 이런 생각은 칸트, 피히테 그리고 헤겔의 역사 철학을 관통하는 핵심 관념입니다. 여기에는 심지어 마르크스의 역사 철학도 포함됩니다. 괴테^{J.W.} Goethe의『파우스트<i>Faust</i>』에 등장하는 메피스토펠레스^{Mephistopheles}는 이렇게 말하죠. "언제나 악을 의욕하지만 언제나 선에 봉사하는 힘, 나는 그 힘의 일부이다." 이 역시 같은 의미입니다.

내맡길 줄 아는 사람은 단호하게 행위합니다. 하지만 자기 행위의 범위를 제한하는 외적 조건을 받아들일 줄도 알죠. 그의 행위가 실패로 돌아가도 그의 태도는 바뀌지 않습니다. 왜냐하면, 그는 자신과 자신의 행위만으로 세계가 의미를 갖게 되지는 않는다는 것을 알고 있기 때문입니다. 마르틴 루터^{Martin} Luther는 한 선교사에 대해 말한 적이 있습니다. 그 선교사는 한 나라 전체를 개종하고자 하는 포부가 있었지만 결국 한 사람도 개종시키지 못했습니다. 그리고 자신의 운명을 탓하기 시작합니다. 루터는 이렇게 그를 나무랍니다. "좌절을 견디지 못하는 것, 그것이야말로 그 의지가 악함을 보여 주는 확실한 징표이다."

이렇게 보면 내맡김은 수동적 태도, 즉 세계 변화를 포기하는 태도가 아닙니다. 오히려 실재에 대한 긍정, 즉 세계를 변화시켜 더 좋게 만드는 것의 진정한 가치를 인정하는 태도입니다. 세계는 근본적으로 그저 악할 뿐이라 생각하면, 사람들을 돕는 일까지도 별 가치가 없는 것이 되어 버립니다. 세계는 인간 한명 한명을 통해 세계 자신을 새로운 방식으로 인식합니다. 만약 세계가 근본적으로 악하다면, 그런 세계는 거듭 반복해서 스스로를 인식하거나 스스로를 비춰 보지 않을 겁니다. 그런 세계는 그럴 만한 가치가 없으니까요. 그래서 세계를 더 좋게 만들기 위한 일체의 도움이나 일체의 사회적 활동은, 오로지 사람들에게 삶이 살 만한 것임을 알려 준다는 목표 하에 이루어지는 겁니다. 물론 그런 목표가 달성될 가능성이 거의 없는 삶의 조건이 실제로 존재하지 않는 것은 아니지만 말이죠.

내맡김을 통해 실재를 받아들이기, 이는 세계와 타인, 나아가 자기 자신과 화해하면서 살아가게 해 주는 인간의 조건임을 앞서 말했습니다. 바꿔 말하면, 이는 행복한 삶을 살도록 하는, 그리고 삶의 의미에 대한 자신의 주관적 관점과 실재가 서로 조화를 이루도록 하는 인간의 조건입니다. 제 이 마지막 성찰을 다음과 같이 설명하면서 이 책을 끝맺고자 합니다. 저는 앞서 이렇게 말했습니다. 각 세대는 이후 세대에게 하나의 운명이다. 우리는 이전 세대가 남겨준 그대로 세계를 물려받는다. 또 우리 이후 세대가 어떤 방식으로든 우리가 남긴 유산을 물려받게 될 텐데, 그들이 우리의 의도를 계승할지 말지는 그들에게 달려 있는 것이다. 그렇기 때문에 세대 사이의 화해가 없으면 우리 행위를 아우르는 이 운명은 적대적인 것이 되어 버리고 말 것이다. 또, 이전 세대는 이후 세대에게 자신의 가치 체계를 알려 주어야 할 과업을 지닌다. 하지만 그 과업은 이후 세대가 이해할 수 있도록, 그 가치 체계를 확인할 가능성을 높일 수 있도록, 그리고 독립적인 것처럼 보이는 그들의 행위가 실은 그들 앞에 다가온 것을 계승하고 있는 것임을 깨달을 수 있도록 진행되어야 할 것이다.

또 한편 이전 세대에게는 이후 세대가 실제로 무언가 할 수 있는 여건을 갖춘 세계를 물려줄 의무가 있다. 그렇지 않으면 그들은 감당할 수 없을 만큼 거대한 근본 구조와 맞닥뜨리면서 스스로 세계의 주인이 되지 못할 운명에 처할 것이다. 그도 아니면 고갈되고 약탈당한 유산만이 그들에게 남을 것이다. 한편 이후 세대는 자신이 마주치는 미완성의 현실과 긍정적 관계를 맺어야만 스스로 의미 있는 행위를 할 수 있다.

어떤 것도 내맡김을 대체할 수는 없습니다. 어떤 상황에서든 그렇지만, 좋지 못한 시절에는 더더욱 그렇죠. 하지만 내맡김의 단계에 오를 때는 엄청난 어려움이 따릅니다. 그렇기 때문에 인간이 져야 할 근본 의무 중 하나는 동료 인간들이 운명을 쉽게 받아들이도록, 내맡김의 태도로 받아들이도록 돕는 것입니다. 사실 의무라는 말은 여기에 적합한 말이 아닐 수도 있습니다. 행복을 누리는 사람은 자연스레 그 행복을 나누고 싶어 합니다. 우리 모두는 기쁨을 나누면 두 배가 된다는 것을 알고 있습니다. 내맡김

역시 행복한 사람의 특질입니다. 철학자 비트겐슈타인은 심지어 이런 말까지 했죠. "나는 행복하거나 아니면 불행하다. 선이나 악은 어쩌면 존재하지 않는 것일지도 모른다."[7] 이 말은 너무 정곡을 찌른 것이어서 오해하기 쉽습니다. 그의 말뜻은 어쩌면 렌즈공이자 철학자였던 스피노자B. Spinoza의 다음 말로 더 분명해질지도 모르겠습니다. "행복은 덕에 대한 보상이 아니다. 덕 그 자체이다."[8]

주석

1   G. W. F. 헤겔의 교수자격논문, 「행성의 궤도에 관하여(De Orbitis Planetarum)」.

2   1810년에 발표된 독일 작가 하인리히 폰 클라이스트(Heinrich von Kleist)의 소설, 『미하엘 콜하스(*Michael Kohlhaas*)』의 주인공이다. 콜하스는 귀족의 전횡에 맞서 법에 호소했으나 좌절되자, 성을 불태우고 무장봉기를 일으킨다.

3   본서에서 '내맡김'으로 번역한 독일어 'Gelassenheit'는 원래 침착함 또는 평온함이라는 뜻이다. 'Gelassenheit'의 어근은 'lassen'인데 이는 '놓다. 가만히 두다'라는 뜻으로 여기에 접두사 'ge-'가 붙어 가만히 있는 것이 되고, 접미사 'heit'가 붙어 '가만히 있음', 즉 '침착함/평온함'으로 추상 명사화된 것이다. 가만히 있으므로 평온하고 침착하다는 뜻이 된다. 이러한 원의와 달리 본서에서 'Gelassenheit'를 '내맡김'으로 번역한 까닭은 다음과 같다. 첫째, 본서의 맥락상 그 속뜻은 운명에 맞닥뜨렸을 때 우왕좌왕하거나 또는 뭔가 해 보려고 억지로 발버둥 치지 않고 그 운명에 자신을 맡기고 평온함을 유지한다는 것이기 때문이다. 둘째, '내맡김'이 '침착함'이나 '평온함'보다 'Gelassenheit'라는 단어가 품고 있는 절대자를 향하면서 자신을 비운다는 의미를 더 명확하게 전달하기 때문이다. 그래서 상당히 생경한 표현임에도 'Gelassenheit'의 번역어로 '내맡김'을 사용했음을 밝힌다.

4   「욥기」, 41장, 1-34절.

5   「마태복음」, 26장, 39절, 「마가복음」, 14장, 36절, 「누가복음」,
    22장, 42절.

6   R. 데카르트, 『성찰(*Meditationes de Prima Philosophia*)』 중 「제1성
    찰」.

7   루트비히 비트겐슈타인, 『일기(*Tagebücher* 1914-1916)』 중 1916년
    7월 8일 자 일기.

8   바뤼흐 스피노자, 『에티카(*Ethica*)』, 5부, 정리 42.

역자 해설
경탄인가, 포착인가

이병익

1.

본서는 Robert Spaemann의 *Moralische Grundbegriffe* (10판)를 완역한 것이다.

2.

최근 철학계에서 가장 큰 주목을 받고 있는 조류는 단연 실재론이라 할 수 있다. 통상 현대 실재론이라 일컬어지는 이 경향은 퀑탱 메이야수Quentin Meillassoux, 그레이엄 하먼Graham Harman, 마르쿠스 가브리엘Markus Gabriel, 휴버트 드레이퍼스와 찰스 테일러Hubert Dreyfus & Charles Taylor 등이 이끌고 있다. 사변적 실재론Speculative Realism, 객체지향 존재론Object-Oriented Ontology, 의미장 실재론Fields of Sense Realism, 접촉 실재론Contact Realism 등의 네이밍에서 보이다시피 다양한 출발점에서 다양한 근거로 실재론을 주창하는 이들을 느슨하게나마 하나로 묶을 수 있는 공통 분모는, 실재는 우리가 고안한 방법론으로 남김없이 포착할 수 있는 존재가 아니라는 점, 곧 실재의 초과성the inexhaustibility of reality을 다시 전면에 세운다는 데 있다. 실재는 우리의 역량과 무관하게 독립적으로 존재하며, 때로는 우리의 개념 구조를 넘어서는 방식으로 드러난다.

기실 현대 실재론의 문제의식은 전복적이나 동시에 전복적이 아니다. 어떤 의미에서 현대 실재론은 고전 실재론이 새로운 모습으로 부활한 것에 다름 아니기 때문이다. 그리고 현대 실재론의 기본 틀은 결국 주관-객관, 주체-대상의 대립과 통일이라는 근대적 과제를, 유한-무한, 현상-실재의 대립과 통일이라는 고전적 과제로 대체한 것에 다름 아니기 때문이다. 근대 이전의 존재론은 주관subject-객관object

의 이원론이 아니었다. 진정한(혹은 우월한) 실재와 가상의(혹은 열등한) 실재의 이원론이었다. 이 도식에서 주관과 객관은 분리되지 않았음을 우리는 상기할 필요가 있다.

3.

근대적 대립물, 주관-객관은 인식의 방법에 의해 그 이원론이 극복, 통일된다. 근대 인식론은 이를 토대로 구성되었다. 그 틀이 전면적으로 해체된 새로운 그러나 고전적 대립물은 유한-무한, 표상-실재이다. 주관은 유한하지만 무한을 지향하고, 객관은 경험적으로 유한하지만 존재론적으로 무한하다. 여기서 인간과 실재 사이에는 극복할 수 있는 간극이 드러난다. 새로운 실재론에 입각한 인식론은 설득력 있는 방법론을 고안해 실재를 '포착'하는 것이 아니다. 인식 주체의 유한성을 무한한 실재와 '접촉'함으로써 극복하는 것이다. 포착이 아닌 만남, 유한한 인간이 무한한 실재를 만날 때 밀려드는 낯섦, 그로부터 빚어지는 당혹과 환희라는 이중 감정, 고대 철학자들은 일찍이 이를 두고 '경탄taumazein'이라 이름했다.

4.

적어도 현대 윤리학 전통에서 실재론은 자연주의 naturalism의 다른 이름이기도 하다. 자연주의라는 이름 속에는 함정이 숨어 있다. 그리고 이 함정이 실제로는 상반되는 견해를 자연주의라는 동일한 개념으로 묶는 오류를 낳기도 한다. 근대적 혹은 (과학) 방법론적 자연주의에서 자연은 인식 혹은 도덕 주체에 맞서 존재하는 대상을 의미한다. 그러나 고전적 자연주의에서 자연은 '자연스러움' 즉 인간과 실재가 만날 때 빚어지는 이상적 상태를 의미한다. 이때 자연은 실재의 덕목이면서 동시에 인간의 덕목이다. 이 둘은 자연주의라는 테두리에 결코 함께 묶이지 않는 대척점에 선 입장들이다. 각각 지시하는 자연이 서로 완전히 다른 것이기 때문이다. 이 구분에 따른 또 하나의 중요한 요소가 있다. 방법론적 자연주의의 자연은 그 자체가 가치 있는 것은 아니나 고전적 자연주의의 자연은 그 자체가 가치 있는 것이다.

그런 점에서 고전적 자연주의 혹은 고전 실재론은 이미 그 자체 안에 윤리학을 배태胚胎하고 있다. 현대 윤리학이 고전 실재론의 구도가 깨지고 나서 등장한 것은 우연이 아니다. 고전 실재론은 형이상학도, 인식론도, 모두 윤리적이다. 작금의 현대 실재론 논의가 윤리학 혹은 도덕 철학에서 시작된 것은 아니지만, 어쩌면 윤리학 혹은 도덕 철학은 그 본질상 현대 실재론 논의가 가장 첨예하게 맞닿은 사유 영역일 것이다. 아니 어쩌면 기세등등했던 현대 윤리학의 흐름에 가려졌지만 실재론에 입각한 도덕 철학자들은 조용히 그러나 끊임없이, 실재를 잃어버린 현대의 도덕 논의에 문제를 제기해 왔다고 하는 것이 더 정확할는지도 모른다.

5.

본서 『도덕의 심층』은 고전(혹은 현대) 실재론의 관점에서 도덕의 문제를 관통한다. 저자 슈페만은 보편성이 아닌 절대성을 말한다. 그에게 보편성은 절대성을 수식하는 한정어일 뿐 그 이상은 아니다. 그에게 논증을 통한 보편적 설명 가능성은 도덕을 말하는 올바른 방식이 아니다. 도덕은 절대성의 '현시'를 통해 드러난다. 그리고 절대적 존재는 우리가 부정할 수 없다는 점에서 그 확실성을 드러낸다.

"'선'과 '악', '좋다'와 '나쁘다' 같은 말이 절대적일 뿐 아니라 보편적 의미를 가진다는 가정을 뒷받침할 만한 근거는 무엇일까요? 사실 이런 물음은 잘못 던져진 것입니다. 여기서 핵심은 가정이나 전제가 아닙니다. 이런 것을 구체적으로 생각하기 전부터 이미 우리가 지니고 있는 확실성이 핵심입니다. 실수로 오줌을 싼 아이를 부모가 잔인하게 학대하는 장면을 떠올려 봅시다. 우리는 이 학대가 부모의 입장에서는 만족스러우니까 '좋은' 것이고 아이의 입장에서는 '나쁜' 것이라고 말하지 않습니다. 우리는 이런 일이 생기면 무조건 그 부모를 비난합니다. 아이에게 나쁜 짓을 하는 부모를 절대적 의미에서 나쁘다고 보기 때문입니다." (25-26쪽)

슈페만에 의하면, 이런 확실성은 우리의 논증이나 설명을 통해, 다시 말하면 객관을 파악하는 방법론을 통해 도출되는 것이 아니다. 오히려 주관과 객관을 관통하는 자연스러움을 통해 도출되는 것이다. 오줌을 쌌다는 이유로 아이를 학대하는 것은 부자연스럽다. 도덕적 추론moral reasoning을 거치지 않더라도 우리는 '확실하게' 그러한 자연스러움이 실재함을 알고 있다. 보편성은 설명의 결과가 아니라 실재에 붙어 있는 속성일 뿐이다. 그리고 인간에게 보편성은 획득의 대상이 아니라 확인의 대상일 뿐이다.

6.

존재와 가치가 한 몸일 수밖에 없는 실재는 스스로 가치의 질서를 지니고 있다. 가치는 인간이 구성하거나 투영하는 것이 아니다. 가치 질서는 객관의, 실재의 운동 방식이다. 인간은 그 가치를 그저 안목을 가다듬어 바라볼 뿐이다. 그 바라봄을 통해 인간은 선(좋음)과 접촉한다.

"가치 서열은 가치를 제대로 파악한 사람에게 또렷하게 나타납니다. 바흐J.S. Bach에도 텔레만G.P. Telemann에도 별 관심이 없는 사람 같으면 아마, 누가 더 위대한 작곡자인지는 취향의 문제일 뿐이라고 말할지 모르겠습니다. 하지만 이 두 작곡자를 제대로 아는 사람이라면 절대 그렇게 말할 리가 없습니다. 개인적으로 텔레만을 더 좋아하는 사람이 있을 수도 있겠죠. 하지만 그조차도 더 위대한 작곡가는 바흐라고 말할 것입니다." (76-77쪽)

가치 질서의 인정, 그리고 그 질서의 유일한 담지자는 실재라고 말하는 순간, 논증의 부담은 커진다. 하지만 동시에 도덕의 길이 열린다. 실재론자에게 논증은 도덕의 영역이 아니다. 논증은 방법론자의 것이다. 실재론자가 실재를 대하는 '방법'은 오로지 실재와의 만남에 충실하는 것밖에 없다. 그 충실함을 위해 인간은 자신을 비우고 실재에 몰두한다. 슈페만은 이를 '관심 쏟기Aufmerksamkeit, attention'라 칭한다. 실재에 관심을 쏟는 감수성, 그 감수성의 올바른

발현을 위한 안목 기르기, 실재론자에게는 이런 것
이 인간이 선할 수 있는 가장 유효한 방법이다.

7.

실재론자에게 도덕은 일상이어야지 추론이어서는
안 된다. 일상은 계산이 끝나길 기다려 주지 않는다.
도덕적 상황, 실재론자의 용어로 실재와 마주치는
상황에서 반짝이는 도덕은 따라서 즉각적 행위로 나
타날 수밖에 없다. 정확하게는 훈련된 도덕 행위로
나타날 수밖에 없다.

　"찾기 어려운 길을 물었을 때 자신이 하던 일을
　멈추고 나와 5분간 함께 걸으며 길을 알려 주는 젊
　은이의 행위 같은 것. 이런 행위는 너무 사소한 것
　이어서 언급할 가치조차 없는 것일는지도 모르죠.
　하지만 이는 무조건적으로 아름다운 행위입니다.
　그리고 이런 행위 하나하나가 이 세상이 존재하는
　이유이기도 합니다. 이 젊은이가 무슨 대단한 도
　덕적 추론을 바탕으로 이런 행위를 한 것이겠습니

까? 그저 자신의 머리에 떠오른 생각대로 행위한 것일 뿐입니다. 그리고 그가 그런 사람이기 때문에 그런 행위가 그의 머리에 떠오른 것입니다." (191쪽)

실재론자에게 도덕 주체의 실재와의 '접촉'은 이런 식으로 일어난다.

8.

실재론자에게 가장 큰 숙제는 논증에의 부담이 아니다. 오히려 그것은 바로 시민 사회와의 조화이다. 근대 이후 우리는 시민 사회 속에 살고 있다. 적어도 시민 사회를 지향한다. 시민 사회로 인해 인간은 노예 상태에서 해방되었고, 시민권은 보장되었다(적어도 보장되기를 지향한다). 시민권의 보장은 법 앞에서의 평등을 저점으로 한다. 그럼에도 실재론에 입각하면, 어쩔 수 없이 가치 질서를 본 사람과 보지 못한 사람의 구분이 생길 수밖에 없다. 그러면 동일한 행위를 두고, 가치 질서를 본 사람의 행위와 그렇지 못한 사람의 행위는 다르게 평가될 수밖에 없다. 이런 평가의 구도를 극단화하면 같은 행위를 해도 덕이 없는 이는 처벌받고 덕을 지닌 이는 처벌을 면하는 상황이 합리화될 수 있다. 그리고 그 합리화는 곧바로 시민 사회의 붕괴로 이어질 수밖에 없다.

따라서 실재론자는 안목을 가다듬고 영혼을 정화하는 것만큼이나 자신의 도덕 체계가 미치는 범위를 어디까지로 할지도 세심하게 고려해야 한다. 도덕 체계의 범위를 실재 전체, 도덕 전체로 넓히면 이는 또 다른 악을 낳는다. 이는 슈페만식 실재론이 해결해야 하는 중대한 숙제이다.

9.

어느 현대 철학자는 말했다. 철학은 두 방향으로 진행된다고. 근원을 찾아가거나 자신의 체계를 합리적으로 세우거나. 적어도 도덕 철학은 근원을 찾는 방향으로 진행되어야 한다고 역자는 믿는다. 근원을 찾는 사유는 그 자체로 도덕적이기 때문이다. 우리가 『도덕의 심층』을 맑은 눈으로 만나야 하는 이유이기도 하다.